社会情動的スキル
学びに向かう力

経済協力開発機構（OECD）［編著］
ベネッセ教育総合研究所［企画・制作］
無藤 隆／秋田喜代美［監訳］
荒牧美佐子／都村聞人／木村治生
高岡純子／真田美恵子／持田聖子［訳］

Skills for Social Progress
THE POWER OF SOCIAL AND EMOTIONAL SKILLS

明石書店

経済協力開発機構（OECD）

　経済協力開発機構（Organisation for Economic Co-operation and Development,
OECD）は、民主主義を原則とする35か国の先進諸国が集まる唯一の国際機関
であり、グローバル化の時代にあって経済、社会、環境の諸問題に取り組んでい
る。OECDはまた、コーポレート・ガバナンスや情報経済、高齢化等の新しい課題
に先頭になって取り組み、各国政府のこれらの新たな状況への対応を支援している。
OECDは各国政府がこれまでの政策を相互に比較し、共通の課題に対する解決策を
模索し、優れた実績を明らかにし、国内および国際政策の調和を実現する場を提供
している。

　OECD加盟国は、オーストラリア、オーストリア、ベルギー、カナダ、チリ、チ
ェコ、デンマーク、エストニア、フィンランド、フランス、ドイツ、ギリシャ、ハ
ンガリー、アイスランド、アイルランド、イスラエル、イタリア、日本、韓国、ラ
トビア、ルクセンブルク、メキシコ、オランダ、ニュージーランド、ノルウェー、
ポーランド、ポルトガル、スロバキア、スロベニア、スペイン、スウェーデン、ス
イス、トルコ、英国、米国である。欧州委員会もOECDの活動に参加している。

　OECDが収集した統計、経済、社会、環境の諸問題に関する研究成果は、加盟各
国の合意に基づく協定、指針、標準と同様にOECD出版物として広く公開されている。

　　　本書はOECDの事務総長の責任のもとで発行されている。本書で表明されている意
　　　見や主張は必ずしもOECDまたはその加盟国政府の公式見解を反映するものではない。

Originally Published in English under the title:

"Skills for Social Progress: The Power of Social and Emotional Skills"

© OECD, 2015
© 社会情動的スキル──学びに向かう力, Japanese language edition, Organisation for Economic
Co-operation and Development, Paris, and Akashi Shoten Co., Ltd., Tokyo 2018

The quality of the Japanese translation and its coherence with the original text is the
responsibility of Akashi Shoten Co., Ltd.

　イスラエルの統計データは、イスラエル政府関係当局により、その責任の下で提供され
ている。OECDにおける当該データの使用は、ゴラン高原、東エルサレム、及びヨルダン川
西岸地区のイスラエル入植地の国際法上の地位を害するものではない。

まえがき

　本書は、社会情動的スキル（あるいは非認知的スキル）の重要性をいかにして伸ばすことができるかの方策を世界各国の施策・実践・研究を総覧して整理し、提言したものである。日本のとりわけ教育改革において、本書の知見がきわめて重要な意義を持つことが言える。本書の結論において、詳細なエビデンスの検討の結果がまとめられているが、それに基づき教育政策への意義を整理している。それによりつつ、それが日本の現状に対してどのような意味を担うかを述べよう。とりわけ、改訂された学習指導要領の考え方や、現在進んでいるエビデンスに基づく教育政策の意思決定において、これらの情報は決定的に重要な情報なのである。

子どもが人生において成果を収め、社会進歩に貢献するためには、バランスのとれた認知的スキルと社会情動的スキルが必要である

　学習指導要領で中核をなすのは、資質・能力の考え方であり、それは知識・技能、思考力等、学びに向かう力等からなっている。前者二つは主に認知的スキルであり、学びに向かう力は社会情動的スキルそのものである。その双方がともに重要である。

目標を達成し、他者と協力して効果的に働き、自分の感情をコントロールする能力は、子どもが人生において成果を収めることに役立ち、忍耐力、社交性、自尊感情などの社会情動的スキルは重要な役割を果たす

　社会情動的スキルは粘り強く取り組み、困難な課題に挑戦し、人と協力して成し遂げ、また見通しを立てて取り組むことに関わる。その中核は、目標を達

成するために、他者と協力することと感情をコントロールすることなのである。

学習環境を改善し、介入プログラムを活用することによって社会情動的スキルの向上を図ることができる

　そういった社会情動的スキルは、当人の性格から成長していくものであると同時に、その発揮と伸張は家庭や友人関係、とりわけ幼児教育を含む学校教育を通して伸びていくのである。このように社会情動的スキルが教育可能なのだという発見がきわめて重要なことであり、現在の世界中の教育の変革の動向を変えつつあるのである。

エビデンスでは、「スキルはスキルを生む」ことが示されており、恵まれない境遇にある人々の生活面での展望を向上させ、社会経済的不平等を減らすために早期段階で社会的情動的スキルに投資することが重要である

　小さい時期での成長がその後の成長を規定していく。乳幼児期の家庭教育、そして幼児教育（幼稚園・保育園）、小中高の教育という具合にそれぞれが積み重なって、知的な力も社会情動的な力も伸びていく。おのおのの時期が重要であり、それが前の時期の獲得にさらに加え、伸ばしていく。となると、特に家庭教育や乳幼児期の施設での教育に恵まれていない子どもはその次の段階で積み上がるべき土台がしっかりと形成されておらず、その後の学習で不利になるのである。そういった家庭環境にある子どもが学業上、十分な成果を上げられないのは小さい時期の社会情動的スキルを伸ばす環境に恵まれなかったせいもあるのである。だからこそ、特に小さい時期において、社会情動的スキルの教育に力を入れる必要がある。なお、それは知的（認知的）スキルが小さい時期に重要でないと言っているのではない。また社会情動スキルは思春期とそれ以降も伸びていくのであり、それぞれの時期に意味がある。

4

まえがき

社会情動的スキルの定期的な調査は、学習環境を改善させ、スキルの発達に確実に寄与する価値ある情報を提供することができる

　エビデンスに基づく教育施策を実施するためにも、社会情動的スキルをきちんと測定し評価することで、その教育がうまく進んでいるかどうかをチェックすることが必要である。それにより、学習環境をよりよいものとして、スキルの成長を確保していくことができる。

OECD加盟国やそのパートナー諸国の多くの政策立案者は社会情動的スキルの重要性を認めているが、これらのスキルの発達のために学校や家庭に提供されている施策やプログラムのレベルは国ごとに異なっている

　社会情動的スキルの教育は知的なスキルの教育以上に多様であり、文化によって変わってくる。日本であれば、その家庭や社会や学校などの状況ややり方を尊重しながら、そこで有効なやり方を探っていく必要がある。資質・能力の考え方や主体的・対話的で深い学びなどの学習指導のポイントはまさにその手立てを探り、実証的データと実践の工夫が求められるのである。

OECD加盟国やそのパートナー諸国の多くでは、生徒の社会情動的スキルを評価するためのガイドラインを学校に提供しており、学校はこれらのスキルの評価を成績表で報告することが多いが、教師や親がこれらのスキルを高める方法についての詳細な指導は不足している

　成績をつけること自体が重要なのではない。評価は子どもを序列化することではない。それぞれの子どもの学びを援助し、先に向けての成長を助けるべく、その手立てを探るためである。そのために、まず現状を教師と子どもおよび保護者が共有し、ともになって、よりよく学ぶにはどうしたらよいかの見通しを立てていく。それに向けて、社会情動的スキルの獲得の状況を把握することとともに、それをさらに伸ばすにはどうしたらよいかの手法を知っている必要がある。それを特に教師や親に対して伝える工夫が望まれる。多くの実践者・研究者の知恵や発見を共有し、交換する仕組みが必要なのである。

5

以上のように、本書は社会情動的スキル（非認知的スキル）を伸ばしていく
にはどうしたらよいかについて、多種多様な重要な知見を提供している。政策
担当者とともに、学校の教師さらに親もまた本書を読むことで多くの有益な情
報を手にすることができるのである。

　2018年3月

無藤　隆

序　文

　子どもや青年期の若者が現代の社会で成功を収めるには、バランスのとれた
認知的スキルと社会情動的スキルが必要である。学力テストや成績で測定され
るものを含めた認知的スキルは、個人が教育や労働市場で成功し、成果を収め
る結果に影響する可能性が高いことがわかっている。また、健康、社会的・政
治的参加、そして信頼といったより広義の意味での子どもの将来も予測する。
次に、忍耐力、社交性、自尊心といった社会情動的スキルは、健康面での成果、
主観的ウェルビーイングの向上、問題行動を起こす可能性の減少など、多くの
社会進歩の指標に影響を及ぼすことがわかっている。認知的スキルと社会情動
的スキルは相互に作用し、高め合い、学校内外を問わず子どもに成功をもたら
す。たとえば、社会情動的スキルは子どもが自分の考えを行動に移す際の手助
けをし、大学課程を修了する見込みを高め、より健康的な生活を送るために役
立つ一方で、攻撃的な行動を防止することにもつながる。

　重要な社会情動的スキルの一部は、幼児期や青年期の間に鍛えることができ、
そうした段階で政策立案者、教師、親は、それぞれの時期に適した学習環境を
提供することができる。誰もが社会情動的スキルの重要性を認めているものの、
こういったスキルそのものや、それらを測定、育成する努力を高めるために
「何が有効か」ということについては、いまだ認識が低い。

　本報告書は、OECD教育研究革新センター（OECD Centre for Educational
Research and Innovation, CERI）の教育と社会進歩（Education and Social
Progress, ESP）プロジェクトにより実施された3年間の分析調査をまとめた
ものである。報告書には、文献のレビュー、縦断的データの実証分析、OECD
諸国とパートナー諸国における政策と取り組みのレビューが含まれている。報
告書では、効果的に社会情動的な成長を遂げるために有望な手段について述べ

ている。それらには、教育者（親、教師、メンターなど）と子どもとの関係の強化、既存カリキュラム内で実例や実体験を活用すること、課外活動での実地学習の重視などがある。学習環境や実践の改善は、必ずしも大がかりな改革や資源を必要とするものばかりではない。私たちは、既存のカリキュラムや課外活動を通じて、このプロセスを開始することができる。

　さらに報告書では、社会情動的スキルは文化的、言語的境界のなかで信頼性をもって測定可能であることが示されている。こうした指標は、意思決定者が子どもの現在のスキルや将来必要となるものをより的確に評価し、教師、親が指導や子育て、それらに必要な学習環境を効果的に用意するための手段となりうる。OECDは国際比較のフレームワークでそうした指標の開発に取り組んでおり、生徒の学習到達度調査（PISA）やESPプロジェクトの新たなフェーズを通じて継続的に努力している。後者は、さまざまな国や文化での社会情動的スキルのレベルや発達過程の理解を深めるため、既存の手法をより発展させたものとなっている。

経済協力開発機構（OECD）教育・スキル局長
アンドレアス・シュライヒャー（Andreas Schleicher）

謝　辞

　この出版物の著者は、OECDの宮本晃司、マリア・デル・カルメン・ウエルタ（Maria del Carmen Huerta）、カタルツィナ・カバッカ（Katarzyna Kubacka）、池迫浩子、エロディ・デ・オリベイラ（Elodie de Oliveira）である。本報告書で提示された分析は、宮本晃司がリーダーを務めたOECD教育研究革新センター（CERI）の教育と社会進歩（ESP）プロジェクトの主な成果である。

　第3章と第4章で示した実証分析を担当した多くの研究者から、数多くのインプットを受けた。これらの研究者は、セルジオ・ウルズア（Sergio Urzua）、ミゲル・サルソーサ（Miguel Sarzosa）、リカルド・エスピノーザ（Ricardo Espinoza）（メリーランド大学、米国）、ベン・エドワーズ（Ben Edwards）、ガリーナ・ダラガノヴァ（Galina Daraganova）（オーストラリア・ケース家族研究所）、スティーブン・グローンズ（Steven Groenez）（ルーヴェン大学、ベルギー）、ロス・フィニー（Ross Finnie）（オタワ大学、カナダ）、マイケル・コットレンバーグ（Michael Kottelenberg）、スティーブ・レーラー（Steve Lehrer）（クイーン大学、カナダ）、フリードハイム・ファイファー（Friedhelm Pfeiffer）、カルステン・ルイス（Karsten Reuss）（欧州経済研究所、ドイツ）、黄丽红（Lihong Huang）（オスロ・アーケシュフース応用科学大学、ノルウェー）、ヤン・エリック・グスタフソン（Jan-Eric Gustafsson）、エリアス・ヨハンネソン（Elias Johannesson）（ヨーテボリ大学、スウェーデン）、ロビン・サムエル（Robin Samuel）（バーゼル大学、スイス）、ニッキ・シュアー（Nikki Shure）（オックスフォード大学、英国）、ダン・シェルマン（Dan Sherman）、领英（Yibing Lee）（アメリカ調査研究所、米国）の各氏である。

　報告書のドラフトに広範にわたってコメントとアドバイスを提供してくれたジェームス・J. ヘックマン氏（James J. Heckman）（シカゴ大学、米国）とジ

ョン・Q. イーストン氏（John Q. Easton）（スペンサー財団、米国）に特に深く感謝する。

　また、トマソ・アガシスティ（Tommaso Agasisti）（ミラノ工科大学、イタリア）、ティム・カウツ（Tim Kautz）（シカゴ大学）、ラルス・ネルドルム（Lars Nerdrum）（OECD ノルウェー代表部、フランス）、セルジオ・ウルズア、ミゲル・サルソーサ（メリーランド大学、米国）、ピーター・タイムス（Peter Tymms）、チェーザレ・アロイシ（Cesare Aloisi）（ダラム大学、英国）、ステファン・ウォルター（Stefan Walter）（スイス教育研究コーディネーションセンター、スイス）諸氏の見識あるコメントにも感謝する。OECDの同僚たちのフランチェスコ・アヴィサティ（Francesco Avvisati）（教育・スキル局）、マリオン・デヴォー（Marion Devaux）、ドミニク・リチャードソン（Dominic Richardson）、フランコ・サッシ（Franco Sassi）の各氏（雇用労働社会問題局）、キャリー・エクストン（Carrie Exton）とコナル・スミス（Conal Smith）の両氏（統計局）も建設的なインプットを提供してくれた。また、出版プロセスを管理したOECDのリンダ・ハウエ（Lynda Hawe）、レイアウトを準備したメディア・デザイン社のロメイン・デュラン（Romain Duran）、アライン・アニエス（Alain Agnes）、キャロル・ショル（Carol Scholle）、ヴィンセント・ルフェーブル（Vincent Lefevre）、原稿を編集したジュリー・ハリス（Julie Harris）、サリー・ヒンチクリフ（Sally Hinchcliffe）の各氏に感謝する。

　CERI理事会メンバーおよびオブザーバー、また2014年3月23～24日にブラジル・サンパウロで開催された「社会進歩のためのスキル」に関するハイレベル政策フォーラムの参加者による、この報告書への貴重な貢献やコメントのすべてに深く感謝する。最後に、本報告書の作成を指導したOECD革新・進歩測定部（Innovation and Measuring Progress Division）部長のダーク・ヴァン・ダム氏（Dirk Van Damme）、出版のプロセス全体を遂行したOECDのマルタ・リリング氏（Marta Rilling）に心から感謝を述べたい。

社会情動的スキル

学びに向かう力

目　次

まえがき　3

序　文　7

謝　辞　9

頭字語・略語　18

要　旨　19

第1章　今日の世界における教育とスキルの役割⋯⋯⋯⋯⋯⋯⋯⋯⋯⋯⋯⋯25

　本報告書の目的　26

　今日の社会経済的概観　27

　今日の課題に対処するための教育とスキルの役割　34

　結　論　42

第2章　学習環境、スキル、社会進歩：概念上のフレームワーク⋯⋯⋯⋯⋯47

　はじめに　48

　社会進歩　49

　スキル　51

　学習環境　62

　結　論　64

第3章　人生の成功を助けるスキル⋯⋯⋯⋯⋯⋯⋯⋯⋯⋯⋯⋯⋯⋯⋯⋯⋯69

　はじめに　70

　スキルがもたらす、より広範な恩恵　70

　結　論　98

第4章　スキル形成を促進する学習環境⋯⋯⋯⋯⋯⋯⋯⋯⋯⋯⋯⋯⋯⋯103

　社会情動的な発達の過程　104

　社会情動的発達を促進する学習環境　115

　結　論　127

目　次

第5章　社会情動的スキルを強化する政策、実践、評価……………………133

　　はじめに　134

　　各国の教育目標　134

　　ナショナル・カリキュラム　135

　　学校の課外活動　144

　　評　価　147

　　地方や学校レベルでの取り組み　152

　　結　論　156

付録5A　社会情動的スキルの育成に向けた取り組み：

　　　　　　教育制度の目標とスキルフレームワーク（国・地域別）……………161

　　オーストラリア　162

　　オーストリア　162

　　ベルギー（フランドル地域）　164

　　ベルギー（フランス語地域）　164

　　カナダ（オンタリオ州）　165

　　チ　リ　166

　　チェコ　168

　　デンマーク　169

　　エストニア　171

　　フィンランド　172

　　フランス　173

　　ドイツ（ノルトライン＝ヴェストファーレン州）　174

　　ギリシャ　175

　　ハンガリー　176

　　アイスランド　177

　　アイルランド　178

　　イスラエル　180

　　イタリア　181

　　日　本　183

13

韓　国　184

ルクセンブルク　185

メキシコ　186

オランダ　187

ニュージーランド　188

ノルウェー　189

ポーランド　190

ポルトガル　191

スロバキア　192

スロベニア　194

スペイン　195

スウェーデン　196

スイス（チューリッヒ州）　196

トルコ　197

英国（イングランド）　199

米国（カリフォルニア州）　199

ブラジル　200

ロシア　201

第6章　社会情動的スキルを育む方法 203

政策メッセージ　204

本報告書の主な結果　208

「何が効果的か」と「実際に何が起こっているのか」のギャップ　211

今後に向けて　212

結　論　216

あとがき　217

目　次

コラム・図表一覧

——第1章　今日の世界における教育とスキルの役割
コラム 1.1　OECD の学習の社会的成果（SOL）プロジェクト ……………………36
コラム 1.2　ウェルビーイングと社会進歩に関する OECD の活動 ………………40
図 1.1　多くの OECD 諸国で若者の失業率が最も高い …………………………28
図 1.2　5 人に 1 人の子どもが過体重である …………………………………29
図 1.3　10 人に 1 人の少年が学校でいじめられている ………………………30
図 1.4　投票率は低下している ……………………………………………………31
図 1.5　高い水準のリテラシーは肯定的な社会的成果の確率を高める ……38

——第2章　学習環境、スキル、社会進歩：概念上のフレームワーク
コラム 2.1　ビッグ・ファイブ ……………………………………………………53
コラム 2.2　パーソナリティ特性の主観的な指標：ビッグ・ファイブ尺度 ……57
図 2.1　学習環境、スキル、社会進歩の関係 ……………………………………48
図 2.2　個人のウェルビーイングと社会進歩のフレームワーク ……………49
図 2.3　認知的スキルと社会情動的スキルのフレームワーク ………………52
図 2.4　課題に対するパフォーマンスにおける動機づけ、努力、スキルの関係…58
図 2.5　生涯にわたるスキルの発達 ……………………………………………59
図 2.6　認知的スキルと社会情動的スキルの動的相互作用 …………………60
図 2.7　学習環境のフレームワーク ……………………………………………63
表 2.1　スキルを強化するための直接的投資、環境的要因、政策手段（例）………63

——第3章　人生の成功を助けるスキル
コラム 3.1　スキルの効果とスキル形成の因果過程についての
　　　　　　OECD 縦断的分析 …………………………………………………71
図 3.1　認知的スキルは高等教育進学に大きく影響する ……………………74
図 3.2　認知的スキルは高等教育修了に大きく影響する ……………………75
図 3.3　認知的スキルは所得と失業に大きく影響する ………………………78
図 3.4　社会情動的スキルは肥満に大きく影響する …………………………81
図 3.5　社会情動的スキルは抑うつに大きく影響する ………………………82
図 3.6　社会情動的スキルは問題行動に大きく影響する ……………………84
図 3.7　社会情動的スキルはいじめに大きく影響する ………………………86
図 3.8　社会情動的スキルは被害者になるかどうかに大きく影響する ……87
図 3.9　社会情動的スキルは生活満足度に大きく影響する …………………88

15

図 3.10　社会情動的スキルは健康に関する生活習慣因子を改善する ………………… 90
図 3.11　社会情動的スキルの 10 段階ランクが高い人ほど大学進学の利益が
　　　　大きい …………………………………………………………………………… 93
図 3.12　認知的スキルが抑うつの可能性を減少させる影響は、自尊感情の
　　　　高い人のほうが大きい ……………………………………………………………… 94
表 3.1　介入プログラムの多くは、目標を達成し、他者と協働し、感情を
　　　　コントロールするといった子どもの能力を高めている ……………………… 96
表 3.2　生涯の成功を推進する社会情動的スキルとは、個人が目標を達成し、
　　　　他者と協働し、感情をコントロールする能力を高めるスキルである ……… 97
表 3.3　認知的スキルと社会情動的スキルは子どもの人生の成功に貢献する ……… 98

──第 4 章　スキル形成を促進する学習環境

コラム 4.1　社会情動的スキル向上のために計画されたプログラム：
　　　　　　米国の事例 ………………………………………………………………… 118
図 4.1　スキルがスキルを生み出す ……………………………………………………… 104
図 4.2　今スキルを向上させることが、将来さらに多くのスキルを発達させる
　　　　（韓国）………………………………………………………………………………… 105
図 4.3　社会情動的スキルは、社会情動的スキルだけでなく認知的スキルの
　　　　蓄積も促進する（韓国）……………………………………………………………… 108
図 4.4　高いレベルの社会情動的スキルを身につけた子どもほど、新たな学習
　　　　への投資からより多くの利益を得て、社会情動的スキルと同様に認知
　　　　的スキルをさらに発達させる（韓国）……………………………………………… 111
図 4.5　現在のスキルへの投資が将来のスキル投資の利益を増加させる
　　　　（韓国）………………………………………………………………………………… 112
表 4.1　高いレベルの社会情動的スキルを身につけている子どもほど、認知的
　　　　スキルおよび社会情動的スキルにおいてより多くの新たな投資を
　　　　受ける（韓国）………………………………………………………………………… 109
表 4.2　社会情動的スキルの向上：有望な介入プログラム（抜粋）………………… 124

──第 5 章　社会情動的スキルを強化する政策、実践、評価

コラム 5.1　社会情動的スキルの育成に特化した教科：各国の事例 ………………… 140
コラム 5.2　社会情動的スキルを育成するためにカリキュラムを広げる
　　　　　　アプローチ：各国の事例 ……………………………………………………… 142
コラム 5.3　社会情動的スキルを育成する校内の課外活動：各国の事例 …………… 146
コラム 5.4　学校が社会情動的スキルを評価するツール：各国の事例 ……………… 150

目　次

コラム 5.5　社会情動的スキルの評価を含む国家調査 ································ 151
コラム 5.6　社会情動的スキルに関する教育活動を地方や地域が主導する実践：
　　　　　　各国の事例 ··· 152
コラム 5.7　課外活動を通して社会情動的スキルを育成するために、学校と
　　　　　　地域社会の連携を進める取り組み：各国の事例 ··············· 155
図 5.1　ボランティアや奉仕活動の実施状況 ···································· 145
表 5.1　各国の教育システムの目標に含まれる社会情動的スキルの種類············ 136
表 5.2　ナショナル・カリキュラムのフレームワークに含まれる社会情動的
　　　　スキルの種類 ··· 137
表 5.3　初等学校・前期中等学校で社会情動的スキルの育成を取り扱う教科···· 139
表 5.4　社会情動的スキルの評価に対する各国のアプローチ···················· 149

──第6章　社会情動的スキルを育む方法
コラム 6.1　OECD による都市部でのスキル発達に関する国際的縦断研究··········· 215

17

頭字語・略語

ABC	アベセダリアン・プログラム（Abecedarian programme）
ATE	平均処理効果（Average treatment effects）
BMI	体格指数（Body mass index）
CEGO	体験型教育センター（Centre for Experience-based Education）
CERI	教育研究革新センター（Centre for Educational Research and Innovation）
CSE	市民・社会参加（Civic and social engagement）
ESP	教育と社会進歩（Education and Social Progress）
GDP	国内総生産（Gross domestic product）
HBSC	学齢児童の健康動態調査（Health and behaviour of school-aged children）
IQ	知能指数（Intelligence quotient）
NAEC	経済的課題に関する新たなアプローチ（New Approaches to Economic Challenges）
NEET	ニート（Not in employment, education or training）
PIAAC	国際成人力調査（Programme for the International Assessment of Adult Competencies）
PISA	生徒の学習到達度調査（Programme for International Student Assessment）
PSHE	人格・社会性・健康・経済教育（Personal, social, health and economic education）
SAFE	Sequenced（連続的）、active（活動的）、focused（集中的）、explicit（明白）
SEL	社会情動的学習（Social and emotional learning）
SOL	学習の社会的成果（Social outcomes of learning）
SSDP	シアトル社会的発達プロジェクト（Seattle Social Development Project）
WHO	世界保健機関（World Health Organization）

要　旨

　「ウェルビーイングや社会進歩につながるスキルとは?」。2014年3月23・24日、11名の教育大臣と事務次官を含む政策立案者らがブラジルのサンパウロにおいて社会進歩のためのスキルに関するOECDの非公式閣僚会議を開き、このテーマについて議論した。会議では、「whole child（全人教育）」を対象にバランスのとれた認知的スキルと社会情動的スキルを発達させる必要性について満場一致で合意した。このスキルにより子どもたちが21世紀の課題に対処できると考えたものだ。親、教師、雇用主らは、能力や動機づけを備え、目標指向で、仲間と仲良くやっていける子どもたちほど、人生における波風を切り抜けて労働市場で実力を発揮し、それゆえ人生の成功を収める可能性が高いことを理解している。それでも、忍耐、自己肯定感、社交性といった社会情動的スキルの測定と強化のために作られた方針やプログラムの提供には、国や地方自治体での管轄区の間でかなりの差がみられた。教師や親たちがこれらのスキルを伸ばす努力は成果を上げているのか否か、またどのように成果を上げるべきかなどについては未知の側面がある。こういったスキルは学校や大学の入学試験においてあまり考慮されていない。

　このギャップの理由のひとつとして、社会情動的スキルは測定が難しいと認識されていることがあげられる。こういったスキルを確実に測定するということが実に難しい問題である一方、最近の社会心理的評価の発達により、文化的、言語的境界内で社会情動的スキルを確実に測定できるいくつかのツールの存在が指摘されており、また実際にそのために指定された学区ではすでに採用されている。ギャップが存在するもうひとつの理由は、特にフォーマルな学校教育を通して、社会情動的スキルを発達させることは難しいと認識されていることが原因かもしれない。しかし、少なくとも基本的な社会情動的スキルは育成可

能であるという良い一面があり、政策立案者、教師、親たちはこれらのスキル
を伸ばすために学習環境を改善するといった重要な役割を担うことができる。

　この報告書では、子どもたちの将来の成果をもたらす社会情動的スキルのタ
イプを特定することを目指したOECDの実証研究の総括を述べ、また政策立
案者、学校、家族が教育実践、子育て、介入プログラムを通してどのように社
会情動的スキルの発達を促すのかについてのエビデンスを紹介する。この報告
書では、政策立案者と学校が現在、社会情動的スキルのモニタリングに対する
要求にどのように応じ、それらのスキルを強化しているかについても調査する。
そして最後は教育関係者が子どもたちのスキルをさらに発達させて、活用する
ことができるかについて探究する。以下は、主な調査結果の要約である。

子どもたちは、人生においてプラスの結果を出すために、認知的スキルと社会情動的スキルをバランスよく身につけることが必要だ

　OECD加盟9か国で行われた縦断的研究分析のエビデンスによると、認知的
スキルと社会情動的スキルの両方が経済的および社会的な成果を向上させる
うえで重要な役割を果たすことがわかった。子どもたちの認知的スキルレベ
ル（読み書き能力、学習達成度テスト、成績などで測定可能）を上げることは、
高等教育への進学率と労働市場での結果に特に強い影響を及ぼしている。社会
情動的スキルのレベル（忍耐、自己肯定感、社交性）を上げることは、健康に
関する成果と主観的ウェルビーイングの向上、反社会的行動の減少などに特に
強い影響を及ぼしている。調査結果では、誠実性、社交性、情緒安定性が子ど
もたちの将来に影響を及ぼす社会情動的スキルの重要な側面のひとつであるこ
とが示されている。社会情動的スキルはそれぞれ独立して役割を果たすもので
はなく、認知的スキルと相互作用して、お互いに刺激し合い、子どもたちの今
後の人生においてプラスの結果を成し遂げる可能性を増加させる。

要 旨

教師と親は、子どもたちとの強い絆を深めて、実際的な学習経験を活用することによって、子どもたちの社会情動的スキルを発達させることができる

　よく誤解されていることだが、子どもたちはみな一定の能力を持って生まれてきたわけではない。子どもたちにとって重要なスキルには育成可能なものもあり、政策立案者、教師、親らは子どもたちが育つ学習環境を改善する役割を果たすことができる。この報告書は、教育者（例：親、教師、メンター）と子どもたちとの絆を深めて、実体験や既存カリキュラムでの実際的な経験を活用して、課外活動での実地的な学習を強調することなどが、子どもたちが責任感、チームで作業する能力、自信を強化するために効果的なアプローチであることを示している。経済的に恵まれない家庭を対象とする幼児期介入プログラムの成功は、トレーニングプログラムを通して親に関与することだ。一方、年長児を対象とするプログラムは教育者の専門性の発展に重点を置いている。青年期においては、指導が特に重要である一方、実際の職場経験によってチーム作業、自己効力感、動機づけのようなスキルを身につけることができる。学習環境と実践の改善は、必ずしも大きな改革やリソースを必要とするというわけではない。それどころか、現在進行中のカリキュラムや課外活動に組み込むことができる。

「スキルがスキルを生む」と言われるように、社会情動的スキルへの早期の介入は効率的にスキルを伸ばし、教育・労働市場・社会における格差をなくす上で重要な役割を果たすことができる

　社会情動的スキルは、特に幼児期から青年期の時期に伸ばしやすい。これらのスキルは過去に投資したスキルによってさらに発達するという点から、社会情動的スキルへの初期段階での投資は特に重要である。また、高いレベルの社会情動的スキル（例：自信、忍耐）を備える子どもは、認知的スキル（例：数学、科学の授業）にさらに投資することでより恩恵を受ける可能性が高い。それゆえ、人生の初期段階における小さな能力の差がライフサイクルにおいて重要なギャップに至る可能性があり、これらのギャップは経済的、社会的格差を

21

悪化させる要因になる場合もある。介入研究や大規模な縦断研究からは、社会情動的スキルに対する早期的、継続的な投資が経済的に恵まれない集団の社会経済面の改善に良い影響を与えるというエビデンスが示されている。

社会情動的スキルは、文化的、言語的境界内で確実に測定できる

　少なくとも特定の文化・言語の範囲では、すべての年齢層に適用可能な社会情動的スキルの信頼できる計測法がある。これには自己申告のパーソナリティ、行動に関する特徴、客観的な心理評価などが含まれる。これらの方法の一部は、教育、労働市場、社会的成功に関する多数の指標を予測する。これらは、社会情動的スキルを高めるために、教師や親が、教育や子育ての実践において必要なことを見分ける機会となる。しかし、これに関連する社会情動的スキルの要素を特定し、測定ツールを改善し、それらを文化の差異や言語の多様性、対応様式に強いツールにするには、さらなる努力が必要となる。OECDは、生徒の学習到達度調査（PISA）、そして社会情動的スキルの普及と発展に焦点を置く教育と社会進歩（ESP）プロジェクトの新しい段階に対して努力を重ねることで、このプロセスに貢献し続けることを約束する。

子どもたちの社会情動的な発達を促すために効果的な方法等に関する情報やそのためのガイドラインを入手することができれば、それは、教育関係者にとって有益なことだろう

　OECD諸国とパートナー諸国は、学校教育を通して社会情動的スキルを発達させることの重要性を広く認識している。しかし、これらのスキルを伸ばすためのアプローチは国によって異なっている。さらに、子どもたちの社会情動的スキルを最大限に伸ばす方法については、関係者たちの知識、期待、能力に大きなギャップがある。詳細なエビデンスベースのガイドラインを広く普及させることで、これらのギャップは減少し、限られた情報や経験しか持たない教師を後押しするだろう。

要　旨

子どもたちが人生における成功を収め、社会進歩に貢献することを目指して、関係者らは共に取り組む必要がある

　政策立案者、教師、親、研究者は、自身の責任範囲においてスキル開発に積極的に関わることによって子どもたちの成長の可能性を拡大させることができる。しかし、「スキルがスキルを生む」ことを鑑み、教育方針やプログラムは学習環境（家族、学校、地域社会）、進級ステージ（小学校、中学校、高等学校）全体において一貫性を確保する必要がある。これは子どものライフサイクルにおけるスキル投資へのリターンを最大にするための重要な方法である。

第1章

今日の世界における教育とスキルの役割

　今日の社会経済的状況は、子どもや若者の将来を左右するような新たな課題をもたらしている。教育を受ける機会は著しく向上しているが、もはや良い教育が将来の就職を保証するとはいえない。経済危機（2008年）に続く失業率の上昇によって、特に若者が影響を受けている。人口の高齢化や環境問題に関する予測が懸念される一方で、肥満や市民参加の低下といった問題も増加している。さらに、労働市場や社会的成果における不平等も拡大の傾向にある。教育は、さまざまなスキルを伸ばすことを通して、こうした課題に対処することのできる大きな可能性を秘めている。認知的スキルは重要であるが、忍耐力、自制心、レジリエンス（逆境に打ちかつ力）などの社会情動的スキルも同じく重要である。個人や社会の繁栄のためには、これらすべてのスキルを育成する必要がある。

生きるうえで最も偉大な栄光とは、決して転ばないことにあるのではない。
転ぶたびに起き上がり続けることにある。

——ネルソン・マンデラ

本報告書の目的

　子どもが、要求と変化の多い、予測不可能な今日の世界に適応するには、バランスのとれた認知的スキルと社会情動的スキルが必要である。21世紀の経済的、社会的、技術的課題に柔軟に対応できる者は、豊かで健康的かつ幸福な人生を送るための、より多くの機会に恵まれる者である。特に社会情動的スキルは、予想しない事柄との対峙、多様な要求への対処、衝動の制御、他者と効果的に働くうえで重要となる。

　よくある誤解は、子どもの能力はあらかじめ決まっていて向上させる余地がほとんどない、というものだが、そんなことはない。子どもたちは、「数学の得意な人」「創造的な人」「気配りの人」などとして生まれるわけではない。子どもはこれらの能力を伸ばす大きな可能性を秘めて人生をスタートさせるが、彼らが活躍するかどうかは、幼児期から青年期にかけて触れる学習環境にかかっている。これは、エビデンスによると、この時期の脳の大きな可塑性、すなわち、学習し、変化し、発達していく、非常に大きな働きのためであることが示されている。スキルは向上させることができる。つまり、スキルは練習を通じて発達し、日常の体験を通じて強化することができるのである。認知的スキルと社会情動的スキルは個々に発達することもあるが、子どもがスキルを発達させる過程において、お互いに影響を与え合うこともある。たとえば、自制心のある子どもは、本を最後まで読み終えたり、算数の問題を終わらせたり、科学のプロジェクトをやり遂げることができることが多い。これにより認知的スキルがさらに強化される。

第1章　今日の世界における教育とスキルの役割

　社会情動的スキルが子どもの将来の展望にとってきわめて重要であることを
知っている政策立案者、教師、親は多い。それにもかかわらず、育成する必要
がある特定のスキルや、それらを促進させる方法についての情報は乏しい。

　したがって、本報告書では、以下についてのエビデンスを提示する。

● どのような社会情動的スキルが（どのように）個人の将来の経済的、社会的展
　望を推進するか。
● どのような学習状況が（どのように）子どもの社会情動的スキルを形成するか。
● 社会情動的スキルを育成することの重要性を教育関係者がどの程度認識し、
　それらを強化するための政策、実践、評価を実行するのか。

　本報告書は、どのようなスキルや学習状況が重要か、またこれらのスキルを
強化するにはどうすればよいかを示した既存のエビデンスと、現行の教育政策
や実践を対比させてまとめている。次に、子どもが肯定的な人生の成果を収め、
社会の繁栄に貢献するためのスキルをより強化するために、政策立案者、学校
経営者、研究者ができることを提案している。

今日の社会経済的概観

現在の社会経済情勢は、個人のウェルビーイングと社会進歩を強化するための強力で革新的なアプローチを必要としている

　近年の経済危機は私たちの社会に著しい損害をもたらしたが、なかでも若者
は最も大きな影響を受けた世代のひとつである。今日、若者は経済的に独立し、
生活の満足感を得ることにおいて、多くの課題に直面している。また、人口の
高齢化、家族の分断、不信感、環境上の脅威といった世界的動向も、新たな課
題を突きつけている。さらに、多くの社会経済的要素において不平等が生じて
いる。本章では、OECD諸国とパートナー諸国での現在の社会経済面の概観に

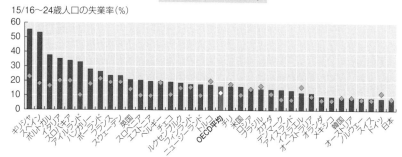

図 1.1　多くのOECD諸国で若者の失業率が最も高い

StatLink：http://dx.doi.org/10.1787/888933163629
注：2012年の各国の若者の失業率が降順にランクされている。
出典：OECD（2013a）, *Online OECD Employment Database*, www.oecd.org/employment/database（accessed 12 February 2014）.

ついての寸評を提供する。

　ここ数十年で最も大きな社会的成果のひとつは、学歴の向上である。2012年には、25〜34歳の40%近くが高等教育を修了し、後期中等教育を修了していないのはわずか17%であった（OECD, 2014）。学歴の高さは、望ましい社会経済的成果の多くと肯定的に関連していることから、これは重要な成果といえる。しかし近年、特に経済情勢が厳しい時代においては、最終学歴だけで仕事を見つけ、維持することは難しい。同時に、雇用する側も適切な能力を持った人材を探すのに苦労している。

　大半のOECD諸国では失業率が高い。失業率は近年の経済危機で著しく上昇し、多くの国で記録的な失業率が続いている。学歴の低い者、特に若者は、最も大きな打撃を受けている（図1.1）。2007年から2012年の間に、若者の失業率はOECD諸国で平均4パーセントポイント以上（12.0%から16.3%）上昇した（OECD, 2013a）。新しい世代にとって、卒業後に就職することは、教育の水準を問わず、ますます困難になってきている。しかし、最も苦労しているのは、教育水準の高くない若者である（OECD, 2014）。若者の雇用機会を改善す

第1章 今日の世界における教育とスキルの役割

図1.2 5人に1人の子どもが過体重である

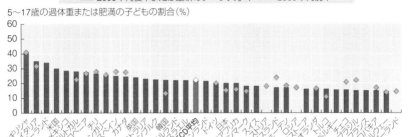

StatLink: http://dx.doi.org/10.1787/888933163630

注：2000年代後半の各国の過体重が降順にランクされている。推定は各国の体重および身長測定調査に基づく。グラフの値は男子と女子の非加重平均を示す。オーストラリア、フィンランド、フランス、アイルランド、イスラエル、韓国、ルクセンブルク、メキシコ、ニュージーランド、スイス、米国では2000年代前半のデータなし。オーストリア、ポーランド、ロシアでは2000年代後半のデータなし。
出典：OECD（2011a）, *OECD Health at a Glance 2011: OECD Indicators*, OECD Publishing, Paris, http://dx.doi.org/10.1787/health_glance-2011-en.
OECD（2013b）, *OECD Health at a Glance 2013: OECD Indicators*, OECD Publishing, Paris, http://dx.doi.org/10.1787/health_glance-2013-en.

る取り組みにあたっては、忍耐力、責任感、意欲といった社会情動的スキルの育成を検討すべきである。エビデンスは、労働市場で成功を収めるには、こうした社会情動的スキルがいかに重要であるかを示している（Kautz *et al.*, 2014）。

健康上の懸念も増加している。仕事や家で、また余暇の時間に身体を動かす機会が減っている状況は、肥満率の上昇の主な要因となっている（OECD, 2010a, 2013b）。肥満率は国によって大きく異なるものの、1980年以降、成人、子どもとも、ほとんどの国で確実にその割合は上昇している。現在、34のOECD加盟国（2015年当時）のうち20か国で、過体重および肥満の成人の割合が50%以上になっている（OECD, 2013b）。子どもの肥満率も高く（図1.2）、5～17歳の20%以上が過体重または肥満と分類されている（OECD, 2013b）。肥満は多くの身体的（糖尿病や心臓血管疾患を含む）、精神的（自尊心の低下や不安を含む）、社会的問題（いじめ等）につながるリスク要因となる健康上の大きな懸念である。社会情動的スキルを育成する取り組みによって、より健

図1.3 10人に1人の少年が学校でいじめられている

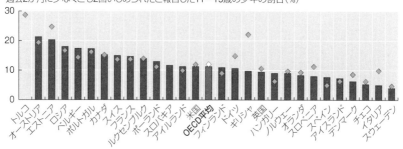

StatLink：http://dx.doi.org/10.1787/888933163645

注：各国は2009年10月のいじめについて降順にランクされている。オーストラリア、チリ、イスラエル、日本、韓国、メキシコ、ニュージーランド、スロバキアについては2005/06年のデータなし。トルコについては2009/10年のデータなし。英国のデータに北アイルランドのデータは含まれない。
出典：2005/06年：Currie, C. *et al.* (2008), Inequalities in Young People's Health: HBSC International Report from the 2005/2006 Survey, Regional Office for Europe, WHO (World Health Organization) Publishing, Copenhagen.
2009/10年：Currie, C. *et al.* (2012), Social Determinants of Health and Well-being Among Young People: HBSC International Report from the 2009/2010 Survey, Regional Office for Europe, WHO Publishing, Copenhagen.

康的な生活を送り、健康を保ち、衝動を制御し、密接な人間関係を維持できるようになり、肥満問題に取り組むことができるのである（OECD, 2010b）。

若者の間でのいじめは、成人してからも影響が残りうる、各国共通の深刻な社会問題である。OECD諸国の思春期の少年のおよそ10人に1人が学校でいじめを受けたことがあり（図1.3）[1]、同じ割合の少年が他者をいじめたことがあると報告している（Currie *et al.*, 2012）。1994年に学齢児童の健康動態調査（HBSC）でデータの収集を開始して以来、学校でのいじめの件数は上昇していない。しかし、デジタルソーシャルネットワーキングとともに出現した、インターネットや電話によるいじめといった、新しい形態のいじめはこの調査ではとらえられていない。また、インターネットによるいじめはオフラインによるいじめほど蔓延していないものの、オフラインのいじめよりも高い有害性が生じている（Livingstone *et al.*, 2011）。自尊心を高め、怒りや攻撃性などの情動をコントロールし、レジリエンス（逆境に打ちかつ力）を身につけるよう介

第1章 今日の世界における教育とスキルの役割

図1.4 投票率は低下している

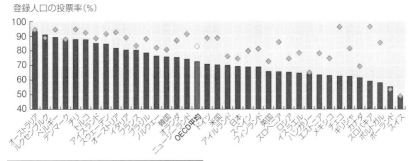

注：各国は2011年または最新のデータ取得年の投票率で降順にランクされている。一部の国では大統領選挙や地方選挙の投票者のほうが総選挙よりも多いが、これはおそらく、それらの投票で選出された者のほうが、その国のあり方にとって常に重要なためだと考えられる。さらに、比較的頻度の高い選挙では投票者数が減少することもある（スイスなど）。

出典：OECD（2013c），"Well-being and the global financial crisis", in *How's Life? 2013: Measuring Well-being*, OECD Publishing, Paris, http://dx.doi.org/10.1787/how_life-2013-7-en.

入指導をすることは、いじめへの関与を減らし、長期的にも保健医療費や社会的コストの削減に役立つ（Wolke *et al.*, 2013）。

OECD諸国全体にわたり、市民の社会への参加が低下している。近年の世界的な経済危機の後、大半のOECD諸国では、自国の政府や政府機関に対する信頼度が低下している（OECD, 2013c）。失業率の高い国では、最も深刻な信頼度の低下を経験した（OECD, 2013c）。同様に、OECD諸国の大半で投票率が低下した（図1.4）。一方、肯定的な面として、見知らぬ人を助けること、ボランティア活動をすることについては、危機の発生以来増加傾向にある。人々が、組織ではなく、家族や友人に支援を求める方向に向かっていることを示す兆候ともいえる。

生活満足度も、特に経済危機による影響を最も受けた国々で落ち込んでいる（OECD, 2013c）。これは多くの要因によるものと思われるが、高い失業率が深刻な影響を与えている可能性が高い（OECD, 2013c）。失業は物質的な喪失や精神的なストレスを引き起こすだけでなく、自尊心や社会的関係といった仕事

を通して受けることができる恩恵も失われる。さらに近年の調査では、危機後の数年間で将来の生活満足度に対する人々の楽観的傾向が弱まっていることがわかっている（OECD, 2013c）。

　経済的、社会的成果における不平等は、どのOECD諸国とパートナー諸国においても顕著である。収入の不平等は、1980年代半ばから2000年後半の間にほとんどのOECD諸国で拡大し、危機に伴いその格差は拡大している（OECD, 2008, 2011b）。収入における不平等は、教育や健康を含む、財やサービスを享受する際の不平等にもつながる。当然ながら、教育や健康の成果は社会的な勾配を生む。すなわち、社会経済的背景が不利であればあるほど、教育的成果や健康は悪化する（WHO, 2008）。そのため、社会的な流動はますます困難になってきている。今日の若者の将来の成功は、彼らの能力や意欲により左右されるようになっている。所得の低い家庭に育った子どもには、より有利な環境にある子どもたちと同じチャンスを人生で獲得できるよう、社会情動的スキルの発達のためにさらなる支援が必要とされる。

長期的動向が示すさらなる課題

　人口の高齢化と家族の規模、家族の構造、親の就業状況の変化、そして環境における脅威は、政府、家庭、社会全般にさらなる圧力をかけている。さらに、技術の進歩は、人々が学び、働き、社会活動に参加する方法に大きな影響を及ぼし、私たちの社会を変容させ続けている。

　平均余命が延びるとともに出生率は低下し、人口が高齢化している。これは、経済を支える人々がより少なくなり、その人々に依存する人々が増大し、医療、年金、長期介護といった分野で政府や社会の支出が増大することを意味している。2011年には、OECD諸国の市民の寿命は80歳以上になると予想された。これは、1970年と比較すると10年も寿命が延びており驚異的な数字である（OECD, 2013b）。同時に、OECD諸国の家族では、女性一人当たり2人の子どもの人口置換水準を下回っているか、これに近い数字となっている（OECD, 2013d）。

　家族支援の性質は、家族の規模が小さくなり、安定的ではなくなり、より多

第1章　今日の世界における教育とスキルの役割

くの女性が働くにつれて、金銭的支援か否かにかかわらず、変化している。今日、大半のOECD諸国では共働き世帯が主流となっている。OECD諸国では、15歳未満の子どもを持つ女性の3人に2人が働いている（OECD, 2013d）。より多くの女性が高等教育を受け、女性のキャリア志向が高まっていることから、この傾向は今後も続くとみられる（OECD, 2012a）。家族の規模が小さいということは、子どもや高齢者のケアやサポートを分担する者がより少ないことを意味する。さらに、非伝統的な家族や女性の雇用の増加は、家庭に必要なサポートを提供したり、受けたりすることがさらに難しくなることを意味する。家族の形の変化は、人口の高齢化と相まって、世代内や世代間の連帯にさらなる課題を生じさせている。社会的に責任を持ち関わる市民を育成することは、失われつつある家族間のつながりにおける課題に対処する際に役立つ。

　環境問題も、社会が解決しなければならないもうひとつの大きな課題である。OECDは、地球の天然資源を過剰に開発して枯渇させないように、緊急に取り組む必要のある重要な問題を提起している。それは、異常な気候の変動、失われつつある生物多様性、水資源の供給量、都市の大気汚染が及ぼす健康被害などがある（OECD, 2012b）。社会が地球に及ぼす影響を削減するためには、環境に責任を負い、積極的に活動する市民が重要となってくる。

　さらに、グローバル化と技術の進歩は、さらなる不平等の引き金となる変化をもたらし続けるだろう。その先には、資源や支援の不平等な分配をもたらし、低所得の家庭が子どもの教育に必要な財やサービスを得ることがより難しくなる。そのため、さらなる取り組みを行わない限り、低所得の子どもは、より有利な環境にいる仲間たちに後れをとり、社会的流動性はますます困難になる。グローバル化した世界では、人々は自らの行動が他者に及ぼす影響を理解し、迅速に適応することで、先の見えない未来の変化に適応し、栄えることができる。

　今日、政策課題は無数にあり、そのためにも、それらの動向を把握し、将来の展望を改善するためのよりよい政策が求められている。経済的にも困難な状況の中、競争の激しいグローバル市場で良い仕事を見つけ、維持するには、学歴だけでは不十分であるという事実がさらに強調されることとなった。労働市

場で成功し、一家を維持し、子どもを育て、健康的な生活を送り、他者に支援の手を差し伸べ、積極的な社会の一員となるには、より幅広いスキルが必要であることは明らかである。政策立案者の間では、子どもや若者にこうしたスキルを身につけさせる方法についての関心が高まっている。

今日の課題に対処するための教育とスキルの役割

教育は経済的、社会的成果に肯定的な影響を与える……

　教育によって人は社会経済的成果を収め、社会進歩が推進されることは疑いがない。平均して、教育水準の高い人々は、教育水準の低い人々よりも就業率が高く、健康状態が良く、より健康的な生活を送り、より積極的に社会に参加し、より高い満足度を示す可能性が高い（OECD, 2010b, 2014）。年齢、性別、社会経済的背景を考慮した場合も、この肯定的な関係は維持される。しかし、関連性の程度は指標や教育水準によって異なり、比例しない（OECD, 2010b）。さらに、教育と社会的成果の因果関係と因果経路に関するエビデンスはまだ限定的である（OECD, 2010b）。

　過去のOECDの調査では、教育が肯定的な人生の成果を推進する重要な役割を果たす可能性を示している。たとえば、教育を受けることで、失業や非活動を避けることができる。高等教育を修了した者の雇用率は最も高く、後期中等教育を修了していない者は最も低い（OECD, 2014）。同様に、就学・就労・職業訓練のいずれも行っていない者（NEET：ニート）に占める教育水準の高い者（すなわち高等教育を修了した者）の割合は、ニートに占める教育水準の低い若者（すなわち後期中等教育を修了していない者）の割合より低く、OECD諸国平均ではそれぞれ13％と16％である（OECD, 2014）。

　同様に、健康に関する肯定的な成果も学歴に大きく関連している。たとえば、（特に男性の）平均余命は教育水準によって大きく異なる。OECD諸国で、教育水準の高い30歳は、同じ年の教育水準の低い者よりも男性で8年、女性で4

第1章 今日の世界における教育とスキルの役割

年長く生きることが予想されている（OECD, 2012c）。同様に、高等教育を受けた成人は、より低い水準の教育を受けた成人よりも肥満になる可能性が平均して低い（OECD, 2012c）。健康において得られる成果は、高等学校水準の教育でも認められる。後期中等教育を修了した者は、自己申告による健康状態や精神衛生状態において、平均して肯定的な成果を得ている可能性が高い。彼らはまた、喫煙や飲酒などのリスク行動をとる可能性も低い（OECD, 2010b, 2012c）。

市民・社会参加も、教育と肯定的な関係を持っている。より教育水準の高い者は、教育水準の低い者よりも自発的で、政治に関心を持ち、投票し、他者を信頼する傾向が強い（OECD, 2010b）。OECD諸国の成人（25〜64歳）の投票率（％）においては、高水準の教育を受けた者と低水準の教育を受けた者とで14.8パーセントポイントの差がある（OECD, 2012c）。市民・社会参加は、個人自身の教育水準だけではなく、家族、同僚、地域社会の教育水準にも影響を受ける可能性が高い。

OECDの成人スキル調査（Survey of Adult Skills）から得られた近年のエビデンスは、学歴と社会的成果——たとえば自己申告による健康状態、ボランティア、人に対する信頼感、政治的有効性の感覚など——は密接に影響し合い、肯定的関係があることを示している（OECD, 2013e, 2014）。たとえば、自己申告による健康状態について「健康状態が良い」と報告した成人の割合は、後期中等教育を下回る教育しか受けていない者よりも、高等教育を修了した者のほうが23パーセントポイント高い（OECD, 2014）。

個人のスキルの育成によって……

教育は、個人のスキル育成を助けることによって社会的成果の改善に貢献できる。過去に行われたOECDの調査では、教育によるリターンのうちかなりの部分は、認知的スキルと社会情動的スキルの育成によって説明できることがわかっている（コラム1.1）。また、生徒の学習到達度調査（PISA）や国際成人力調査（PIAAC）など、ほかのOECD調査でも、肯定的な成果を収めるうえでのスキルの重要性が示されている（OECD, 2013e, 2013f）。

コラム 1.1　OECDの学習の社会的成果（SOL）プロジェクト

　OECDは、2005年から健康や社会的結束といった社会的成果の改善における学習の役割について評価を行ってきた。学習の社会的成果（Social Outcomes of Learning, SOL）プロジェクトでは、教育が健康的な生活、積極的な市民・社会参加（civic and social engagement, CSE）を促進しうる因果関係、因果メカニズム、その背景が調査された。プロジェクトの第1期（2005～07年）「学習の社会的成果の理解（Understanding the Social Outcomes of Learning）」（OECD, 2007）では、概念上の枠組みを作成し、健康とCSEのさまざまな領域に関して利用可能なエビデンスを模式化した。第2期（2008～09年）の「教育を通じた健康と社会的結束の改善（Improving Health and Social Cohesion through Education）」（OECD, 2010b）では、特に健康（例：肥満、精神衛生、飲酒）とCSE（例：ボランティア、政治的関心、信頼／寛容）の下位項目に焦点を当て、どの程度、誰のために、どのように、どのような条件で、教育がこれらの社会的成果指標の改善に貢献しうるかの評価を行った。

　SOLプロジェクトの主な所見は次のとおりである。

- 教育（フォーマル、インフォーマル、ノンフォーマルいずれも）は、主に能力（コンピテンシー）とスキルの増強を通じて社会進歩とウェルビーイングの促進に貢献しうる。
- スキル（認知的スキル、社会情動的スキル）は、教育が社会的成果に影響を及ぼすための重要な経路である。
- 教育は、健康、市民参加、犯罪などの社会的課題に対処するための最も費用対効果の高い戦略のひとつである。
- 子どもの認知的スキルと社会情動的スキルが早期の段階で育成されなければ、教育の力は限定的となる。
- 親、教師、学校運営者、地域社会は、健康的な生活と積極的な市民参加を促す重要な役割を果たす。
- 教育分野および教育段階を通して、政策の一貫性が必要とされる。

　研究では、知識面での不十分さが多数示された。

- 教育の因果効果と因果経路に関するエビデンスは限定的である。因果性に関する研究の大半は中等教育レベルに集中しており、就学前教育、初等教育、

第1章　今日の世界における教育とスキルの役割

> 高等教育レベルではごく少数の研究しか行われていない。
> ●社会進歩の推進に必要な認知的スキルと社会情動的スキルを強化するカリキュラム内の取り組みについてはほとんど知られていない。
> ●学習状況、スキル、成果の間の込み入った関係の理解に不可欠な縦断的なミクロデータは限定的にしか入手できない。
> ●環境に配慮した行動などの社会的領域に教育が及ぼす影響のエビデンスがほとんど存在しない。

　教育は、個人が日常生活上の課題により適切に対処するためのさまざまなスキルの提供に役立つ。人間は、読解リテラシー、数学的リテラシー、科学的リテラシーといった認知的スキルによって、情報をより理解し、意思決定を行い、問題を解決することができる。忍耐力、情緒安定性、社交性といった社会情動的スキルも、肯定的な成果の達成にとって重要である。人間は、これらのスキルによって意思を行動に移し、家族、友人、地域社会と良い関係を築き、不健康な生活やリスクのある行動をとらないようになる。社会情動的スキルは、認知的スキルと同様に成果を収めるうえでは重要である（Heckman, Stixrud and Urzua, 2006; Kautz *et al.*, 2014）。

　同時に、PISA2012年調査の最新の結果から、自信、意欲、期待[2]の高さは、リテラシー面での好成績と関連することがわかっている（OECD, 2013g）。たとえば、女子学生の数学的リテラシーが低い場合、学業で好成績を収める自信も相関して低くなり、男子学生と比べてその傾向が顕著である。成績がトップレベルの国々では、数学的リテラシーにおいても男女差が小さく、子どもたちの自分の能力に対する自信の高さと関連している（OECD, 2013f）。PISA2012年調査では、東アジア諸国が優れた教育制度を実施していることが評価されたが、「努力すること」を成功への重要な鍵として考える文化的特性が推進力となり、好成績を収めたのではないかとも考えられる。同様に、OECDの国際成人力調査（PIAAC）のエビデンスからも、読解リテラシーおよび数学的リテラシーは学歴と同様に、労働市場の成果、健康、ボランティア活動、政治への

37

図1.5 高い水準のリテラシーは肯定的な社会的成果の確率を高める

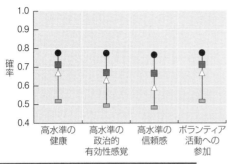

StatLink : http://dx.doi.org/10.1787/888933163669

注:ここで示した推定は、OECD加盟国の平均を示している。リテラシーレベル2以下は、回答者が馴染みのある話題の短いテキストを読み、基本的な語彙を理解し、文章の意味を判断し、情報を比較対照し、低レベルの推論ができることを意味する。リテラシーレベル3以上は、少なくとも回答者が、連続、非連続、雑多、あるいは複数ページにわたる等、適当な密度または長さのテキストを理解し、それに答えられることを意味する。

出典:OECD (2013e), *OECD Skills Outlook 2013: First Results from the Survey of Adult Skills*, OECD Publishing, Paris, http://dx.doi.org/10.1787/9789264204256-en.

参加などを予測するのに重要であると考えられる(OECD, 2013e)。

図1.5は、成人の教育水準とリテラシー習熟度[3]によって肯定的な社会的成果を出す可能性を示したものであり、国際成人力調査(PIAAC)参加国[4]のデータに基づいている。リテラシースキルおよび教育水準が共に高いことは、肯定的な社会的成果を経験する確率が最も高いということが示されている。しかし、教育水準が高いだけでは、最も高い確率で肯定的成果を収めるには不十分である。高等教育を受けたがリテラシースキルの水準が低い成人は、教育水準が低いがリテラシースキルの高い成人とほぼ近い割合で成果を収めている。したがって、学歴は社会における肯定的成果を達成するうえで必要であるが、スキルもまた重要である。教育の影響は、よりスキルがあることでさらに向上する。

教育とスキルは、社会経済的不平等の低減にも重要な役割を果たす

教育は、過去10年間、所得不平等の拡大を阻止するのに中心的役割を果たした(OECD, 2011b)。高等教育修了者数の上昇は、労働市場の変化や技術の進歩など、ほかの要因から生じた格差の解消に役立った。しかし、高等教育の

第1章　今日の世界における教育とスキルの役割

普及や参加には、依然として社会経済的背景と密接な関連がある。

　不利な環境出身の若者は、学校教育を修了し、学校で好成績をあげることがより困難である。PISA2012年調査の所見によると、差がより小さい国もいくつか存在するものの、すべての国で社会経済的状況が要因となり成績の格差が生じている。たとえば、数学的リテラシーにおいて、社会経済的に有利な条件にある子どもは、より恵まれない子どもよりも平均で90ポイント多く得点した。これは、2年間の教育に相当する差である（OECD, 2013f）。2000年にPISA調査が開始されて以来、大半の国でこうした格差にほとんど変化はみられない（OECD, 2013f）。

　成績格差は人生の早い時期から始まる。人生の最初の数年間で育成された認知的スキルや社会情動的スキルは、将来の可能性の基盤となる。つまり、スキルは早期に育成されたスキルを基盤に、その上に構築されるのである。最初の数年で築かれた強固な基盤によって肯定的な成果を収める確率が高まる一方で、基盤がぜい弱だと、より苦労する可能性が高くなる。子どもが何を学び、何を学ばないかには累積効果がある。しかしスキルは鍛えることが可能であり、生涯を通じて軌道修正することもできる。早期からスキル形成に投資することは、社会経済的成果の引き上げと不平等の低減に有効である可能性が高い（Kautz *et al.*, 2014）。

より包括的なアプローチに向けて

　近年、ウェルビーイングと社会進歩を推進する要因へのより包括的なアプローチを考える必要性が高まっている。マクロ経済の統計は、社会のさまざまな集団の生活水準やその分布の部分的な状況しか表していない。たとえば、数年間の経済成長期に増大したGDP水準が常に高い満足度と結びついていたかというと、必ずしもそうではなかった。当時、そして現在ではなおのこと、個人やそのウェルビーイングにとって重要な要因をより幅広く反映する指標の開発が必要であることは明らかである。経済的な繁栄は生活満足度やウェルビーイングにとってより広い意味で重要ではあるが、経済的な繁栄だけが重要なのでは

39

ない。また、人間関係、健康、社会的支援、個人の安全、住居、環境条件といった他の要因も関連する（Layard, 2005; OECD 2011c; 2013c）。

OECDは、10年以上にわたってウェルビーイングと社会進歩を測定する世界的な研究活動の最前線にいる（コラム1.2）。その目的は、より良い生活水準、より平等な社会、社会への信頼および社会参加レベルの向上、より高いレベルで生活に満足する方法を政策に取り入れることである。本章で議論したとおり、これらの目的を達成するため、個人の認知的スキルや社会情動的スキルを強化するうえで教育が果たす役割は重要であるといえる。政策立案者、教師、親に対して、育成の必要がある認知的スキルと社会情動的スキルの種類と育成方法を提起する必要がある。

コラム 1.2　ウェルビーイングと社会進歩に関するOECDの活動

● 「OECDより良い暮らしイニシアティブ（OECD Better Life Initiative)」：この取り組みは、2011年にOECDの創立50周年を記念して開始され、人間のウェルビーイングとその成果をより幅広く理解するための指標づくりを目的としている。「より良い暮らし指標（Better Life Index)」は、ウェルビーイングと社会進歩の測定において市民の参加を促す相互的なウェブツールである。このツールを使って、人々は自分自身の指標を作成し、自分の国のウェルビーイングをほかのOECD諸国やパートナー諸国と比較することができる。この指標は、収入と経済的な豊かさ、仕事と賃金、住宅事情、健康状態、ワーク・ライフ・バランス、教育と技能、社会的なつながり、市民参加とガバナンス、環境の質、安全性、主観的ウェルビーイングの項目がある（www.oecdbetterlifeindex.org）。『OECD幸福度白書（How's Life?)』は、OECD諸国とパートナー諸国におけるウェルビーイングと社会進歩の概況をとらえる隔年報告書である。同報告書では、物的状況、生活の質、持続可能性の3つの要素における指標が多数検証されている。

● 『図表でみる世界の社会問題（Society at a Glance)』：2001年に初めて発表された隔年報告書である。この報告書は、社会は進歩しているか、進歩を促す行動は効果的かの問いに答えることを目的とし、人口動態と家族の特徴、

第1章　今日の世界における教育とスキルの役割

雇用と失業、貧困と不平等、健康状態、信頼と寛容といった幅広い社会指標の概要を提供し、OECD諸国とパートナー諸国のデータを提示している（www.oecd.org/els/societyataglance.htm）。

● 『子どもの福祉を改善する (*Doing Better for Children*)』：2009年に開始されたこの報告書は、OECDで初めてウェルビーイングへの多元的アプローチがとられた出版物である（OECD, 2009）。この報告書は、物質的なウェルビーイング、住居と環境、教育、健康、リスク行動、学校生活の質といった、子どものウェルビーイングに関するさまざまな要素について、OECD諸国の子どもがどんな生活を送っているかに目を向けている。子どもの指標に対する強い要求があることから、OECDは、年齢別の子どものウェルビーイングについての政策、家族と地域社会の状況、成果に関する情報のデータセット「子どものウェルビーイングモジュール（Child Well-being Module）」を開発した。

OECDは、今後数年間この領域の活動を実行する予定である。さらに、「経済実績と社会進歩の測定に関する委員会(Stiglitz-Sen-Fitoussi Commission on the Measurement of Economic Performance and Social Progress)」の活動継続のため、高度専門家グループ（High Level Expert Group）も設置されている。

「経済的課題に関する新たなアプローチ（New Approaches to Economic Challenges, NAEC）」は、多様な社会経済的課題への対処に向けた包括的アプローチをとる、もうひとつの重要なOECDの活動である。OECDの持つ豊かな知識基盤のうえに構築されたこの活動は、世界的危機の要因とそこから学んだ教訓を反映しており、OECDの分析フレームワークを改善する目的を持っている。2012年のOECD閣僚理事会（OECD Ministerial Council Meeting, MCM）において実施が決定したNAECは、政策間のトレードオフ、相互補完性、政策選択によってもたらされる意図されない結果等を特定できるよう、政策立案に多元性を組み込もうとしている。また、危機をもたらした度重なる緊張状態、規制の失敗、世界的不均衡などについて、当局が特定・対処できなかった要因も分析している。

41

結　論

　過去30年間で、一部の社会進歩の指標、特に教育の普及や教育への参加における指標で重要な成果が得られるものもあった。しかし、そのほかの指標の多くではそれほど目立った改善はみられておらず、その成果の分布も均一ではない。さらに、最近の経済危機によって進展は減速したか、もしくは逆行さえしている。こうした事象は、既存の世界的動向と相まって、個人の将来のウェルビーイングと社会進歩に新たな課題を提起している。

　重要となるスキルを強化することで、教育は、意欲が高く、積極的に参加する、責任ある市民の育成に貢献しうる。リテラシーや問題解決能力などの認知的能力は不可欠である。しかし、強固な社会情動的スキルを基盤に持つ若者は、根気強く懸命に働くことにより、きわめて動的でスキル主導型の労働市場でより大きな成功を収めることができる。彼らは、衝動を抑制し、健全な生活を送り、強固な対人関係を維持することによって、肉体的、精神的疾患を回避する可能性が高い。また、共感性、利他主義、思いやりを養うことにより、社会的支援を行い、社会や環境保護活動に積極的に参加できるようになる。さらに、感情のコントロールや変化への適応によって、失業、家庭崩壊、入院、不当な扱いといった人生の荒波に備えることができるようになる。

　若者が必要とするものにより適切に対処し、彼らが現代の世界が抱える課題に直面する準備ができるよう、政策を再考する必要がある。教育とスキルへの投資は、今日の数々の社会経済的課題に対処し、豊かで健康的な、積極的に参加する、責任ある幸福な市民を育成するための重要な政策のひとつである。

注

1. 図1.3は男子のみのいじめ発生率を示している。いじめは加害、被害ともに女子よりも男子の間で多い（女子のいじめは加害、被害とも、それぞれ約6%である）。

2. PISA2012年調査では、忍耐力、問題解決への開放性、数学および学校における成功において認識している自己制御、数学の不振において認識している自己責任、数学学習に対する内発的および道具的動機づけについて、子ども自身の評価による回答を検証している。これらの指標の大半が、数学や学校における成功や失敗に対する生徒の認識や意欲の把握を目的として構成されている。それらは、より一般的な人格特性の測定を意味するものではない。

3. 国際成人力調査（PIAAC）では、「リテラシー」について、社会参加、自己の目標達成、自己の知識と可能性の育成のために文章を理解、評価、活用し、それに関与することと定義している（OECD, 2013e）。リテラシーレベル2以下は、回答者が馴染みのある話題の短いテキストを読み、基本的な語彙を理解し、文書の意味を判断し、情報を比較対照し、低レベルの推論ができることを意味する。リテラシーレベル3以上は、少なくとも回答者が、連続、非連続、雑多、あるいは複合的なページ等を含んだある程度の難易度や長文のテキストを適切に理解し、それに答えられることを意味する。

4. 国際成人力調査（PIAAC）に参加したOECD加盟国は以下のとおり。オーストラリア、オーストリア、ベルギー（フランドル地域）、カナダ、チェコ、デンマーク、エストニア、フィンランド、フランス、ドイツ、アイルランド、イタリア、日本、韓国、オランダ、ノルウェー、ポーランド、ロシア、スロバキア、スペイン、スウェーデン、英国（イングランド、北アイルランド）、米国。

参考文献・資料

Currie, C. *et al.* (2012), *Social Determinants of Health and Well-being Among Young People. Health Behaviour in School-Aged Children (HBSC) Study: International Report from the 2009/2010 Survey*, Regional Office for Europe, WHO (World Health Organization) Publishing, Copenhagen.

Currie, C. *et al.* (2008), *Inequalities in Young People's Health: HBSC International Report from the 2005/2006 Survey*, Regional Office for Europe, WHO (World Health Organization) Publishing, Copenhagen.

Heckman, J.J, J. Stixrud and S. Urzua (2006), "The effects of cognitive and non-cognitive skills abilities on labour market outcomes and social behaviour", *Journal of Labor Economics*, Vol. 24, No. 3, pp. 411-482.

Kautz, T. *et al.* (2014), "Fostering and Measuring Skills: Improving Cognitive and

Non-cognitive Skills to Promote Lifetime Success", *OECD Education Working Papers*, No. 110, OECD Publishing, http://dx.doi.org/10.1787/5jxsr7vr78f7-en.

Livingstone, S. *et al.* (2011), *EU Kids Online II: Final Report*, The London School of Economics, London.

Layard, R. (2005), *Happiness: Lessons from a New Science*, Penguin, London.

OECD (2014), *Education at a Glance 2014: OECD Indicators*, OECD Publishing, Paris, http://dx.doi.org/10.1787/eag-2014-en. (『図表でみる教育OECDインディケータ（2014年版）』経済協力開発機構（OECD）編著、徳永優子, 稲田智子, 定延由紀, 矢倉美登里訳、明石書店、2014年)

OECD (2013a), *Online OECD Employment Database*, www.oecd.org/employment/database (accessed 12 February 2014).

OECD (2013b), *OECD Health at a Glance 2013: OECD Indicators*, OECD Publishing, Paris, http://dx.doi.org/10.1787/health_glance-2013-en. (『図表でみる世界の保健医療OECDインディケータ（2013年版）』OECD編著、鐘ヶ江葉子訳、明石書店、2014年)

OECD (2013c), "Well-being and the global financial crisis", in *How's Life? 2013: Measuring Well-being*, OECD Publishing, Paris, http://dx.doi.org/10.1787/how_life-2013-7-en. (『OECD幸福度白書2：より良い暮らし指標：生活向上と社会進歩の国際比較』OECD編著、西村美由起訳、明石書店、2015年)

OECD (2013d), *OECD Family Database*, www.oecd.org/social/family/database (accessed 12 February 2014).

OECD (2013e), *OECD Skills Outlook 2013: First Results from the Survey of Adult Skills*, OECD Publishing, Paris, http://dx.doi.org/10.1787/9789264204256-en. (『OECD成人スキル白書：第1回国際成人力調査（PIAAC）報告書〈OECDスキル・アウトルック2013年版〉』経済協力開発機構（OECD）編著、矢倉美登里, 稲田智子, 来田誠一郎訳、明石書店、2014年)

OECD (2013f), *PISA 2012 Results in Focus: What 15-Year-Olds Know and What They Can Do With What They Know*, OECD Publishing, Paris, www.oecd.org/pisa/keyfindings/pisa-2012-results-overview.pdf.

OECD (2013g), *PISA 2012 Results: Ready to Learn (Volume III): Students' Engagement, Drive and Self-Beliefs*, OECD Publishing, Paris, http://dx.doi.org/10.1787/9789264201170-en.

OECD (2012a), *Closing the Gender Gap: Act Now*, OECD Publishing, Paris, http://dx.doi.org/10.1787/9789264179370-en. (『OECDジェンダー白書：今こそ男女格差解消に向けた取り組みを！』OECD編著、濱田久美子訳、明石書店、2014年)

第1章　今日の世界における教育とスキルの役割

OECD (2012b), *OECD Environmental Outlook to 2050: The Consequences of Inaction*, OECD Publishing, Paris, http://dx.doi.org/10.1787/9789264122246-en.

OECD (2012c), *Education at a Glance 2012: OECD Indicators*, OECD Publishing, Paris, http://dx.doi.org/10.1787/eag-2012-en.（『図表でみる教育OECDインディケータ（2012年版）』経済協力開発機構（OECD）編著、徳永優子, 稲田智子, 来田誠一郎, 矢倉美登里訳、明石書店、2012年）

OECD (2011a), *Health at a Glance 2011: OECD Indicators*, OECD Publishing, Paris, http://dx.doi.org/10.1787/health_glance-2011-en.（『図表でみる世界の保健医療OECDインディケータ（2011年版）』OECD編著、鐘ヶ江葉子訳、明石書店、2012年）

OECD (2011b), *Divided We Stand: Why Inequality Keeps Rising*, OECD Publishing, Paris, http://dx.doi.org/10.1787/9789264119536-en.（『格差拡大の真実：二極化の要因を解き明かす』経済協力開発機構（OECD）編著、小島克久, 金子能宏訳、明石書店、2014年）

OECD (2011c), *How's Life?: Measuring Well-being*, OECD Publishing, Paris, http://dx.doi.org/10.1787/9789264121164-en.（『OECD幸福度白書：より良い暮らし指標：生活向上と社会進歩の国際比較』OECD編著、徳永優子, 来田誠一郎, 西村美由起, 矢倉美登里訳、明石書店、2012年）

OECD (2010a), *Obesity and the Economics of Prevention: Fit not Fat*, OECD Publishing, Paris, http://dx.doi.org/10.1787/9789264084865-en.

OECD (2010b), *Improving Health and Social Cohesion through Education, Educational Research and Innovation*, OECD Publishing, Paris, http://dx.doi.org/10.1787/9789264086319-en.（『教育と健康・社会的関与：学習の社会的成果を検証する』OECD教育研究革新センター編著、矢野裕俊監訳、山形伸二, 佐藤智子, 荻野亮吾, 立田慶裕, 籾井圭子訳、明石書店、2011年）

OECD (2009), *Doing Better for Children*, OECD Publishing, Paris, http://dx.doi.org/10.1787/9789264059344-en.（『子どもの福祉を改善する：より良い未来に向けた比較実証分析』OECD編著、高木郁朗監訳、熊倉瑞恵, 関谷みのぶ, 永由裕美訳、明石書店、2011年）

OECD (2008), *Growing Unequal? Income Distribution and Poverty in OECD Countries*, OECD Publishing, Paris, http://dx.doi.org/10.1787/9789264044197-en.（『格差は拡大しているか：OECD加盟国における所得分布と貧困』OECD編著、小島克久, 金子能宏訳、明石書店、2010年）

OECD (2007), *Understanding the Social Outcomes of Learning*, OECD Publishing, Paris, http://dx.doi.org/10.1787/9789264034181-en.（『学習の社会的成果：健康, 市民・社会的関与と社会関係資本』OECD教育研究革新センター編著、NPO法

45

人教育テスト研究センター（CRET）監訳, 坂巻弘之, 佐藤郡衛, 川﨑誠司訳、明石書店、2008年）

Wolke, D. *et al.* (2013), "Impact of bullying in childhood on adult health, wealth, crime, and social outcomes", *Psychological Science*, Vol. 24, No. 10, pp. 1958-1970.

WHO (2008), *Closing the Gap in a Generation*, World Health Organization, Geneva.

第2章

学習環境、スキル、社会進歩：
概念上のフレームワーク

　本章では、学習環境、スキル、社会進歩の相互関係を説明する概念上のフレームワークについて述べる。個人のスキルは、家庭、学校、地域社会といった多様な学習環境のなかで形成される。これらは、直接的投資、環境的要因、政策手段などの影響を受けており、政策立案者は社会進歩の達成に必要なあらゆるスキルの育成にこれらを活用できる。社会進歩は、教育、労働市場における成果、健康、家庭生活、市民参加、生活満足度など、個人の生活における多様な側面を内包している。スキルは、豊かで健康的かつ幸福な人生を送るために必要な認知的能力や社会情動的能力に及ぶ。社会情動的スキルは、個人が目標を追求し、他者と協働し、感情をコントロールする際に非常に重要な役割を担う。スキルは、すでに獲得されたスキルのうえに、また新しい学習への投資のうえに、徐々に築かれる。早い時期にスキルの育成を開始した者は、そうでない者よりも多くのことを達成する傾向にある。ただし、青年期もまた社会情動的スキルの育成に重要な時期である。

はじめに

本章では、個人のウェルビーイングと社会進歩が学習への投資といった学習環境から形成される、鍵となるメカニズムをとらえるための概念上のフレームワークを紹介する（図2.1）[1]。このフレームワークは、社会経済的成果の推進における認知的スキルの重要性を示す一方で、長期的目標の追求、他者との協働、感情のコントロールといった社会情動的スキルの役割に光を当てている。安定した仕事、良好な健康状態、積極的な社会参加にはさまざまなスキルが求められるが、成果を効果的に向上させる方法を理解するためには、これらの異なるタイプのスキルがいかに貢献するかを考えることが重要である。このフレームワークには、教育や仕事だけでなく、健康、市民参加、生活満足度といった社会経済的な成功の多面的な性質を表すさまざまな成果が盛り込まれている。本章では、フレームワークの構成要素を詳述し、それらの主な相互関係を概説する。

図2.1　学習環境、スキル、社会進歩の関係

第2章　学習環境、スキル、社会進歩：概念上のフレームワーク

社会進歩

個人のウェルビーイングと社会進歩は、さまざまな成果で構成されている

　おそらく、教育政策の立案者、教師、親の究極の目標は、子どもたちが考えられる最高水準の幸福な暮らしを送ることができるように手助けすることだろう。OECDのウェルビーイングに関する取り組みは、個人と国のウェルビーイングを構成するさまざまな経済指標と非経済指標を示している（コラム1.2; OECD, 2013）。ここで示す個人のウェルビーイングと社会進歩のフレームワークは、「OECDウェルビーイング・進歩測定フレームワーク（OECD Framework for Measuring Well-Being and Progress）」に基づくもので、教育、労働市場における成果、健康、生活満足度、家庭生活、市民参加、安全、環境的成果など、現代の世界に関係する幅広い成果を強調している（図2.2）。

図2.2　個人のウェルビーイングと社会進歩のフレームワーク

出典：OECD（2011）, *How's Life?: Measuring Well-being*, OECD Publishing, Paris, http://dx.doi.org/10.1787/9789264121164-en.

このフレームワークは、学習の経済的成果から脱却し、個人の成功や社会進歩に対する経済的影響のみならず社会的影響をも理解しようとする政策的思想の変化も反映している。たとえば、このことは「経済実績と社会進歩の測定に関する委員会（Stiglitz-Sen-Fitoussi Comission on the Measurement of Economic Performance and Social Progress）」（Stiglitz, Sen and Fitoussi, 2009）の活動にも反映されている。第1章で述べたとおり、経済危機からの回復途上にある世界において、良好な健康や市民参加といった社会的成果の確保と維持は、政策立案者にとって常に急務である。

　提案されたフレームワークは、認知的スキルと社会情動的スキルが広い範囲で社会進歩の指標に及ぼす影響を調査する目的で作られていて（図2.2）、信頼性をもって測定や分析ができる指標を重視している。すでにこれらの成果指標の多くが、ウェルビーイングのフレームワークに基づき、子どもを対象に作成されている（OECD, 2009）。

- **教育とスキル**の成果は、教育到達度、学力テストの成績、原級留置（落第や留年）、無断欠席などの指標を使用して分析できる。
- **労働市場**での成果は、労働状況（例：雇用、失業、求職中）、労働形態（例：フルタイム、常勤、自営）、賃金などの指標を使用して評価できる。
- **物的状況**には、収入、資産、消費、住居といった指標が含まれる。
- **健康状態**は、肯定的な行動（例：運動、定期健診）、リスク行動（例：ドラッグ、アルコール）、成果（例：BMI、健康状態や抑うつに関する自己申告）をみることで分析できる。
- **市民参加**は、ボランティア、投票、人に対する信頼の指標を使用して評価できる。
- **個人の安全**は、いじめや暴力行為、また犯罪活動（例：所持品の窃盗、破壊行為、暴行）に関するデータで把握できる。
- **家族や社会とのつながり**のカテゴリーは、ひとり親、家庭崩壊、10代の妊娠、家族や友人との接触や彼らからの支援といった要因で構成される。
- **主観的ウェルビーイング**は、生活満足度に関する指標、ストレスの経験、その

第2章　学習環境、スキル、社会進歩：概念上のフレームワーク

他の主観的ウェルビーイングの指標によって判明する。

● **環境**的成果は、リサイクル、公共交通機関の利用、人間が環境に及ぼす影響の
　理解など、個人の環境配慮行動を使用して間接的に把握できる。

こうした成果はそれぞれ、社会経済的成果の総合的水準を構成する要素となる。

スキル

個人の成功と社会進歩を推進するスキルは多元的である

　OECDは、現代の世界の課題に個人が立ち向かうことを助けるスキルの役割
を強調するとともに、政策立案者に、スキルの潜在的な可能性を活用するため
の適切な方法を実施するよう求めている（OECD, 2012）。本報告書においては、
スキルは大まかに「個人のウェルビーイングや社会経済的進歩の少なくともひ
とつの側面において影響を与え（生産性）、意義のある測定が可能であり（測
定可能性）、環境の変化や投資により変化させることができる（可鍛性）、個々
の性質」と定義される。個人が多様な人生の目標を達成するには、さまざまな
スキルが必要である。

　スキルは、社会経済的不平等の発生を理解するうえでも重要である。世界の
OECD諸国とパートナー諸国にみられる民族間や所得層間の教育格差は、学
校に通う時期の家庭の経済状況よりも、スキルの欠如のほうにその原因がある
（Cunha and Heckman, 2007）。認知的スキルの向上によって、高等教育を修了
し、就職し、高給を得るといった多くの肯定的成果が得られる確率が上昇する。
こうしたスキルを持っていると人生のある側面において成功を収める確率が高
いと予測できる一方、社会情動的スキルは、より広義の社会的成果を収める結
果につながることが予測できる（Heckman, Stixrud and Urzua, 2006; Kautz *et
al.*, 2014）。

51

社会情動的スキルには、忍耐力、自尊心、他者への敬意といったものも含まれる

　社会情動的スキルは非認知的スキル、ソフトスキル、性格スキルなどとしても知られ、目標の達成、他者との協働、感情のコントロールなどに関するスキルである。したがって、このスキルは日常のあらゆる場面で出現する。図2.3は、最も重要な機能に基づきスキルを分類したものである。こうしたスキルが、人生のあらゆる段階で重要な役割を果たすことは明らかである。たとえば、子どもは他の子どもと遊ぶ際にどのような行動が適切かを教えられる一方、大人は仕事の場面でチームプレイのルールを学ぶ必要がある。人は幼児期から目標を追求し（例：ゲームをする、パズルを解く）、これは大人になるとますます重要になる（例：学位や仕事を求める）。特に離婚、失業、長期的な障がいといった人生の変化に対処するとき、肯定的感情や否定的感情の適切な表現方法を学び、ストレスや欲求不満を制御することは、生涯にわたる探究となる。こうした大まかなスキルの分類（すなわち目標の達成、他者との協働、感情のコントロール）には、図2.3のように多くのスキルの下位構成概念が含まれている。

図2.3　認知的スキルと社会情動的スキルのフレームワーク

第2章　学習環境、スキル、社会進歩：概念上のフレームワーク

　ここで示したフレームワークは、ほかの既存のフレームワーク、特に「ビッグ・ファイブ（Big Five)」の分類法に概ね即したものである（コラム2.1）が、教育関係者が十分な実践を通して育成できる個人の特性に着目した他の理論（例：ポジティブ心理学、個人的目標追求）や既存のフレームワーク（例：Character Framework from the Center for Curriculum and Redesign、Social and Emotional Learning（SEL）Framework、KIPP Character Framework）も活用している。

コラム 2.1　ビッグ・ファイブ

　「ビッグ・ファイブ（Big Five)」とは、人格を、1) 外向性（extraversion)、2) 協調性（agreeableness)、3) 誠実性（conscientiousness)、4) 情緒安定性（emotional stability)（神経症的傾向（neuroticism）ともいう)、5) 経験への開放性（openness to experience）の5つの基本的要素に分ける分類法である。コスタとマックレイ（Costa and McCrae, 1992）は、これらの要素のそれぞれに対応する重要な諸相を提供している。

- **外向性**：社交性、積極性、活発さ、冒険性、熱意、温かさ
- **協調性**：信頼、率直さ、利他主義、迎合性、謙遜、共感
- **誠実性**：効率、組織、忠実、目標達成への努力、自己鍛錬、熟慮
- **情緒安定性**：不安、いらだち、抑うつ、自意識、衝動性、脆弱性
- **開放性**：好奇心、想像力、審美眼、行動（幅広い関心)、興奮性、独創性

　これらの要素のなかでも、外向性は最も幅広く使用され、よく知られているものだろう。外向性の高い者は、エネルギー、前向きな感情、積極性で特徴づけられることが多い。協調性は、思いやり、謙遜、信頼などで特徴づけられる。したがって、これらの要素は、どちらも他者と協働するときに中心的な役割を担う。誠実性は、忠実、達成するための努力、目標に向けた行動を伴うことから、目標達成に重要な役割を果たす。情緒安定性は、否定的な感情体験やストレス要因に対処する能力であり、感情をコントロールするうえで重要である。新しい経験へ

53

の開放性は、芸術や美に対する感性、多様性の必要性、知的好奇心といった幅広い側面と関連しているため、諸要素のなかでも最も理解しにくいものであろう (McCrae and John, 1992)。

　ビッグ・ファイブの5つの要素は、個人の根幹をなす資質、すなわち典型的な思考、感情、行動パターンを広範にとらえることから、人格特性が簡潔かつきわめて効率的に要約される (John and De Fruyt, 2014)。しかし、わずかな概念しか備えていないモデルは範囲が非常に広くなるため、特定の成果を予測することは難しい。成長過程を理解し、異なる学習環境による影響を特定し、将来の成果を説明するには、測定モデルをさらに明確化する必要がある。ビッグ・ファイブの各因子に3〜5の下位特性が設定されたモデルは、人格特性の階層における抽象的な水準からより具体的な水準まで、個人を調査するのに役立つはずである (John and De Fruyt, 2014)。

　私たちのフレームワーク「OECDウェルビーイング・進歩測定フレームワーク」では、社会情動的スキルを「a）一貫した思考・感情・行動のパターンに発現し、b）フォーマルまたはインフォーマルな学習体験によって発達させることができ、c）個人の一生を通じて社会経済的成果に重要な影響を与えるような個人の能力」と定義している。この定義では、あらゆる状況や文脈において個人の一貫した応答パターンにみられる構成概念の潜在性が強調されている。これらのスキルは、環境の変化や投資によって強化され、結果として個人の将来の成果を推進することになる。

将来の成果にとって重要なスキルには、リテラシー、計算能力、問題解決力といった認知的スキルも含まれる

　認知的スキルも、頭の良さ、知識、知能といったさまざまな方法で説明される。これらのスキルは、知識の習得と応用のプロセスを伴うものである。私たちのフレームワークでは、基礎的認知能力、獲得された知識、外挿された知識を区別することにより、この多様性も反映している（図2.3）。基礎的認知能力とは、処理速度や記憶力といった基本的スキルをいう。獲得された知識とは、

記憶した知識を呼び出し、それを抽出、解釈する能力をいう。外挿された知識はより複雑なプロセスを伴い、情報を熟考し、推論した結果、目の前の問題に対処するための新しい方法の概念化を必要とする。このカテゴリー化は、流動性知能（抽象的思考や新たな状況における問題解決能力に関連）と結晶性知能（獲得された知識と経験の活用に関連）の違いに即したものである（Cattell, 1987）。

　このフレームワークは、認知的スキルに関するほかのフレームワーク、特にPISA調査のフレームワークと一致しており、それらから着想を得ている。これらに共通するのは、認知的スキルは単に知識を応用するだけではなく、熟考し、より複雑に思考する能力でもあるという考え方である。たしかにPISA調査が、リテラシーについて、生徒がさまざまな教科領域について問題を提起、解決、解釈する際に、効果的に分析、推論、コミュニケーションをとる能力（OECD, 2006）として定義していることは、認知的スキルがいかに多元的であるかを示している。たとえば、熟考は複雑なプロセスであり、知識を呼び出すだけでなく、ほかの経験との関連づけ、問題のリフレーミング（再枠組み）、獲得した知識を新しい状況に関連づけ、応用することが求められる。

創造性や批判的思考力といった21世紀型スキルの多くは、認知的要素と社会情動的要素の両方を備えている

　私たちのフレームワークは、認知的スキルと社会情動的スキルが相互に作用し、それによって相互に影響し合っているという考えに基づいたものである（図2.3）。たしかに、創造性や批判的思考力といったスキルは、認知的側面と社会情動的側面の両方を合わせて考えるとより理解が深まる。

　創造性は拡散的思考ともいい、新しく、ユニークで予期せぬものだけではなく、適切かつ有用で、目の前の課題に適したコンテンツを創り出すことをいう（Lubart, 1994）。それは、知能に関する指標はもちろんのこと、社会情動的スキルとも関連していることがわかっている。これらの複雑なスキルのある側面は、ビッグ・ファイブのフレームワークでも理解できる。たとえば、創造的な人々は、新しい経験に対し開放的で想像力に富み、誠実性にはやや乏しく、よ

り衝動的で、外向的である（Feist, 1998）。

　一方、批判的思考力は、問題の解決に論理的規則や費用対効果の分析を用い、戦略的に考え、新しい状況にルールを適用する能力をいう。このスキルは、情報を熟考し、それを新たな文脈のなかで解釈し、既存の知識に基づいて新たな問題への解決策を見出す能力といった非常に認知的要素の強いスキルである（Halpern, 1998）。しかし批判的思考力は、想像力や独創性といった、新しい経験への開放性の要素も備えている（John and Srivastava, 1999）。実生活の多くの場面で、知的、社会的、情緒的要素を融合した、より複雑なスキルが求められる。そうしたスキルを理解するため、現行のフレームワークには、スキル領域のさまざまな側面が盛り込まれ、日常の場面で異なるスキルが相互に作用することが認識されている。

社会情動的スキルの測定は困難ではあるが、信頼性をもって実施できる

　社会情動的スキルを信頼性をもって測定することはできないと仮定する者が多いため、政策論争のなかではこうしたスキルが過小評価されがちである。たしかに、高さや重量とは違い、社会情動的スキルを直接観察することは不可能である[2]。それらは自己申告／観察者の報告、作業の成果、生徒の行動に関する行政の記録を用いて間接的に測定されるものの、バイアスやノイズが生じる恐れがある。

　10歳以上になると、パーソナリティに関する項目についての自己申告は信頼性があり、妥当なものとなる（Soto et al., 2011）。というのも、この年齢は、子どもが一定の語彙を習得し、自己を振り返り、社会的に比較するスキルが発達する時期であるからだ。成人向けには、パーソナリティを測定するさまざまな手法が存在する（コラム2.2の主観的指標の例）。エビデンスによると、これらの手法のなかには、少なくとも先進国（Ozer and Benet-Martínez, 2006; Almlund et al., 2011）と発展途上国（Pierre et al., 2014）における、それぞれの文化的、言語的境界の範囲内では、信頼性のあるパーソナリティ特性の指標を提供し、個人の社会経済的成果も予測しているものがある。しかしそれでも、自己評価、観察者の評価とも、回答者がその対象に対して持ちうる主観的

56

第2章　学習環境、スキル、社会進歩：概念上のフレームワーク

な見方によるバイアスが生じる恐れがあり、その対象の実際の社会情動的スキルとはほとんど関係のない場合もある。特に、個人の自己申告も、社会的望ましさ、虚偽、黙従、準拠集団効果による影響を大きく受ける恐れがある（Kyllonen and Bertling, 2014）。

コラム 2.2　パーソナリティ特性の主観的な指標：ビッグ・ファイブ尺度

主観的な申告を用いて、個人のパーソナリティ特性の把握に利用できる測定手法は数多くある。なかでも最も影響力の大きな手法はビッグ・ファイブ尺度である（John and Srivastava, 1999）。この尺度には複数のバージョンがあり、長いもので44項目、短いもので10項目ある。短いほうは、「私は、自分自身のことを……な人間だと思う」という質問に同意するかしないかの程度に基づいている。

人格要因	項目（質問）
外向性	内気（R） 外交的、社交的
協調性	概して信用しやすい 他人の失敗を見つけやすい（R）
誠実性	怠けがち（R） 完全な仕事をする
情緒安定性	リラックスし、ストレスをうまく処理する すぐ神経質になる（R）
開放性	芸術にあまり関心がない（R） 想像力が活発

注：(R) は逆転項目を表す。

主観的な測定を改善するひとつの方法は、本人、教師、親、友人による評価を収集することである。複合的な情報によって、子どものスキルに関するそれぞれの見方が提供され、潜在的なパーソナリティを推測するためのトライアンギュレーション（三角測量）が可能となる（John and De Fruyt, 2014）。係留寸描法（anchoring vignettes）も、データの質全般を改善し、回答のバイアスを減らし、異文化間の社会情動的スキル評価の比較可能性を向上させるのに有効な方法のひとつである（Kyllonen and Bertling, 2014）。

社会情動的スキルは、課題に対する個人のパフォーマンスを使用しても、信頼性をもって測定が可能である（Kautz *et al.*, 2014）。これは実験室でのテスト（マシュマロテストなど、特定のスキル測定のための実験室環境における行動課題の設計）、心理測定学的観察研究（例：訓練された心理士との面談、場面に対する個人の反応評価、問診）、行動指標（例：「過去1か月の間に、学校や仕事に何回遅刻しましたか？」といった質問への回答）といった形態で実施できる。しかし、これらの指標は、被験者がテストにかける労力の差や、課題に対するパフォーマンスに影響を与える可能性のあるスキルで、当該テストで測定されるスキル以外のもの（例：認知的スキル）の差によるバイアスの影響も受ける。したがって、社会情動的スキルの正確な指標には、努力やその他のスキルの指標の調整が必要である。図2.4は、この点を解説するために、課題に対するパフォーマンスを説明するときの、動機づけ、努力、スキルの関係について述べている。

図2.4　課題に対するパフォーマンスにおける動機づけ、努力、スキルの関係

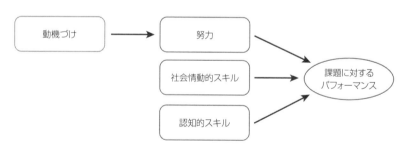

出典：Kautz, T. et al. (2014), "Fostering and Measuring Skills: Improving Cognitive and Non-cognitive Skills to Promote Lifetime Success", *OECD Education Working Papers*, No. 110, OECD Publishing, http://dx.doi.org/10.1787/5jxsr7vr78f7-en.

　社会情動的スキルを評価する確実な方法のひとつは、教師や親が記録した子ども時代の行動に関する行政の記録（学校の出欠など）を活用することである。この情報は広範に利用でき、社会情動的スキルの評価を別途行う必要がない。これらの指標の認知的要素が削除されていたとしても（すなわち、ほかのスキ

ルに対して標準化されていても)、それらは依然として子どもの教育、労働市場、社会における成果を非常によく予測できる (Kautz et al., 2014; Heckman, Humphries and Veramendi, 2014)。

スキルは動的なフレームワークにおいて理解すべきである

図2.5で示すとおり、スキルは時間とともに発達する。認知的スキルと社会情動的スキルが、人の一生の間に強化されうることを示すエビデンスが増えてきている。スキルの発達は、遺伝子や環境だけではなく、家庭、学校、地域社会からのインプットによっても影響を受ける。親は(居住地域、教育課程、世帯の特性を通じて)子どもの発達に影響を与える多くの環境的要因になることから、子どものスキル形成において重大な責任を負う。文化、政策、制度がスキル形成や学習環境に与える影響も軽視するべきではない。こうしたさまざまな学習の要素は、過程の理解において重要である。このことは、後続の章において詳細に示される。

図2.5　生涯にわたるスキルの発達

スキル発達の速度は、個人の年齢と現在のスキルの水準に大きく左右される。現在では、スキル発達には敏感期があることが認識されている。最初の数年は、将来のスキル発達の基礎を築くことから、スキルの発達にとって非常に重要である。幼児期に投資を行って介入することは、高い水準のスキルや大人になってからの良好な成果につながり、最大のリターンをもたらす (Kautz et al., 2014)。この時期の家庭は非常に重要で、親子の関わりのパターンは、認知的スキルと社会情動的スキルに大きな影響を与える。しかし、その後の介入

も、特に社会情動的スキルについては効果的である。児童期、思春期、青年期には、学校、仲間関係、地域社会がこうしたスキルの形成において重要な影響を及ぼすものとなってくる。さらに、学校から脱落した者に対する代替プログラム（職業訓練）も後期のスキル発達において重要であることが明らかになっている（Kautz *et al.*, 2014）。

過去のスキルは現在のスキルの重要な決定要因である

　スキル形成に関する文献では「スキルがスキルを生む」という表現をよく目にする。言い換えれば、図2.5に示したように、個人の持つスキルの水準が高いほど、スキルの獲得が大きいことを示す（Carneiro and Heckman, 2003）。これは、ひとつのスキルにおけるレベルについてもあてはまり、たとえば、学校入学時に同級生に比べて数学的リテラシーが高い子どもは、学年末により高い数学的リテラシーを持つ可能性が高い。しかし、あるタイプのスキルが長年にわたり他のスキルの育成を助ける、いわゆる相互生産性についてのエビデンスもある（Cunha and Heckman 2007; Cunha, Heckman and Schennach, 2010）（図2.6）。特に、社会情動的スキルが認知的スキルの発達に役立つことから、高い水準の社会情動的スキルを持つ個人にこれがあてはまる（第4章）。たし

図2.6　認知的スキルと社会情動的スキルの動的相互作用

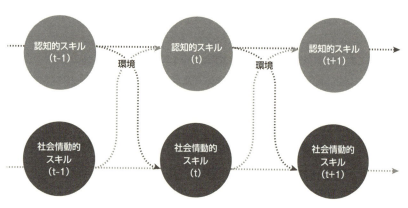

第2章　学習環境、スキル、社会進歩：概念上のフレームワーク

かに、非常に計画的で粘り強い子どもは、同じ水準の数学のスキルを持ちながら自制心や粘り強さの水準が低い子どもよりも、数学のスキルを伸ばすことができる可能性が高い。自制心や粘り強さにより、子どもが勤勉に宿題に取り組むことで、より多くのものを得る可能性が高い。したがって、認知的スキルと社会情動的スキルは、密接に関連している。さらに一般的には、高いスキルを持つ者は、学習環境からより多くのものを引き出す可能性が高く、またスキルの高い子どもは、知識を向上させるような手段を選択したり、成長のためのさらなる機会（例：課外活動）を求めたりする可能性が高い。

家庭、学校、地域社会からのインプットによる新しい投資からどの程度メリットが得られるかは、過去のスキルによって決定される

　総括すると、人生で成功を収めるには、認知的スキルと社会情動的スキルへの投資が必要であることは明らかである。社会情動的スキルが認知的スキルを向上させる手段であるならば、政策立案者はそれを無視すべきではない。重要なのは、社会情動的スキルの敏感期は認知的スキルの敏感期と異なるということである。早い時期から投資することは、すべてのスキルにとって有益ではあるが、社会情動的スキルは、認知的スキルと比べると、年をとってからも十分に向上させることができる（Cunha and Heckman, 2007; Cunha, Heckman and Schennach, 2010）。さらに、青年期は社会情動的スキルが特に激しく変化する時期であるとみられる。たとえば、青年期は、自制心（誠実性）・友好性（協調性）・情緒安定性が低下する傾向にある（Soto *et al.*, 2011）。ティーンエージャーの親に共通する「もはや自分の子どもがわからない」という状況は、このスキルの水準が変化していることを反映しているのかもしれない。こうした否定的な変化は、特に一部の子どもたちに影響を与えるとみられるが、人的資本の喪失を防ぐためにも、こうした否定的な影響の一部をどのようにして和らげることができるかを理解するため、さらなる研究が必要である。第4章と第5章では、認知的スキルと社会情動的スキルの育成を目的とする取り組みを多数議論する。

学習環境

学習環境は多元的である

　学習を取り巻く社会的文脈の多様性は、フォーマル、インフォーマル、ノンフォーマルな学習の価値を示している。フォーマルな学習は、たとえば、教育制度や職場での学習のように、制度化された、カリキュラムに基づく学習や教育を含む（Werquin, 2010）。インフォーマルな学習は、職場、家庭、地域社会の文脈で生じる。これは体系化されておらず、学習者からするとあまり意図的なものではない（Cedefop, 2008）。たとえば、子どもが遊ぶときにはこのタイプの学習をしている。ノンフォーマルな学習は、フォーマルな学習とインフォーマルな学習の中間に位置する。これは構造的かつ意図的だが、統制されておらず、認定や正式な支援もない。例としては、意図的ではあるが金銭目的ではなく、認定も行われない、特定のソフトウェアの使い方の独学などがある。

　したがって、学習は社会のさまざまな場面で起きており、現行のフレームワークは、それらの場面を学校、家庭、地域社会、職場としてまとめている。図2.7にはその例を示している。各文脈は認知的スキルと社会情動的スキルの育成に貢献するが、それらの相対的な重要性は、人生の各段階に応じて変化する。たとえば、乳児期や幼児期は親の存在が明らかに不可欠だが、子どもが学校段階に進み、多様な社会的ネットワークとかかわるようになると、学校や地域社会が重要性を増す。また、職場は特に青年期後期や成人（早期）で重要な学習環境となる。

学習環境には、政策手段や教師や親が影響を与えうる要因も含まれる

　学習環境がスキルに及ぼす影響は、直接的投資、環境的要因、政策手段に分けられる（表2.1）。これらは、学校、家庭、職場、地域社会でスキルを形成するさまざまな方法を表している。直接的投資は、子育てへの親の関与など、ス

第2章　学習環境、スキル、社会進歩：概念上のフレームワーク

図2.7　学習環境のフレームワーク

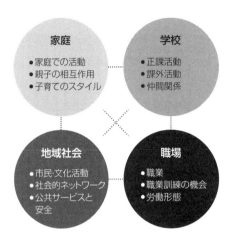

表2.1　スキルを強化するための直接的投資、環境的要因、政策手段（例）

	家庭	学校	職場	地域社会
直接的投資	親と子どもの愛着（例：本を読む、一緒に食事をする、遊ぶ）、養育スタイル（例：温かい、権威的）	社会情動的スキルの向上を目的に設計された正課・課外活動、教師の教育スキルと知識、教育方法（例：グループディスカッションの活用）、学級風土、見習い実習制度、サービスラーニング、メンタリング	職場訓練、管理スタイル	地域社会で提供される活動（例：文化センターでの美術クラス、スポーツ団体、ボランティア）、メディア、社会的ネットワーク
環境的要因	家庭の社会経済的資源（学習援助の利用可能性、家庭内のテクノロジー）、家庭のストレスや困難な出来事（家庭内暴力、過失、虐待、不適切な扱い、栄養不良）	学校の構成、資源、施設、学校風土と安全	職場の資源	公共サービス（交通、公園、学校、保育施設、校外サービス）、公害、地域の安全、失業率、所得水準
政策手段	育児休業規定、柔軟な労働形態、保育サービス、家庭への補助金交付	教師の研修、カリキュラム、採用	ワークスタディ・プログラム、助成つき訓練プログラム、所得支援プログラム	ソーシャルワーカーに対する研修プログラム

キルの育成に意図的、明示的な影響を及ぼす。これに対し、環境的要因は、研修のための職場の資源や地域の安全など、利用可能な学習資源の水準やその質を形成する資源を増やしたり、状況を改善したりすることによって、スキルの育成に間接的な影響を及ぼす。これに対し、政策手段は、教師が認知的スキルや社会情動的スキルの指導法を身につけるための研修など、政策の投資によって直接的に影響され、スキル育成の促進に活用される学習環境の構成要素となる。

これらの学習環境は、互いから孤立した状態では機能せず、むしろ常に相互に作用し合い、影響を与え合う。実のところ、文脈間の相互作用のパターン自体も、スキルの育成と関連している。たとえば、保護者会への出席など、子どもの学校に親が関与することで、家庭と学校の学習環境が改善され、子どもの社会的発達や認知的発達が促される（El Nokali, Bachman and Votruba-Drzal, 2010）。

結　論

今日の社会経済情勢では、個人や仕事、社会生活を取り巻く複雑さと多様性に立ち向かうことが個人に求められている。これらの課題に対処できるのは、認知的スキルと社会情動的スキルを包括的に備えた者だけである。政策立案者は幅広い能力を考慮する必要があるが、その際、社会情動的スキルは認知的スキルと同様に重要である。これらのスキルは相互に作用し、影響し合い、過去のスキルに対する投資のうえに徐々に築かれる。早い時期からの投資が重要であるのも、これが理由である。本章で提示したフレームワークは、優れた成果を出す学習が教室内外、学校、家庭内、地域社会、そして職場で生まれるという考え方を主体としている。したがって、種々の重要なスキルの育成には、さまざまなタイプの学習が特に効果的である。次章では、フレームワークのさまざまな構成要素に目を向け、スキルの育成、ひいては社会進歩を促す学習環境で実践できることをさらに理解していく。

第2章 学習環境、スキル、社会進歩：概念上のフレームワーク

注

1. 本章では学習がスキルにどのように貢献するか、そしてスキルがどのように社会経済的進歩に貢献するかを強調したが、これらは学習環境、スキル、成果の関係におけるわずか2つの要素にすぎない。これらの構成要素は双方向に多数関係し合い、現実はもっと複雑である。たとえば、子どもの健康が思わしくなければ通学が妨げられて子どもの学習能力に影響が出るなど、成果は学習環境に直接的に作用しうる。また、既存のスキル水準も学習環境に作用しうる。愛想が良く親近感のある子どものほうが、素行の悪い子どもよりも肯定的にみられ、学習機会を引き出す。こうした双方向の関係や一連のフィードバックについては、第3章と第4章の実証分析で扱う。スキルの引き上げを目指した政策の実施を立案する際は、それらも考慮する必要がある。

2. これはもちろん、認知的スキルの測定と同じである。既存の知能指数（IQ）、到達度テスト、リテラシーテストからは、すべて重要度の高い認知構造の間接指標を得ることができる。

参考文献・資料

Almlund, M. *et al.* (2011), "Personality psychology and economics", in E. Hanushek, S. Machin and L. Woessman (eds.), *Handbook of the Economics of Education*, Vol. 4, Elsevier, Amsterdam. pp. 1-181.

Carneiro, P. and J. Heckman (2003), Human Capital Policy, in J. Heckman and A. Krueger (eds.), *Inequality in America: What Role for Human Capital Policy?*, MIT Press, Cambridge, MA.

Cattell, R.B. (1987), *Intelligence: Its Structure, Growth, and Action*, Elsevier Science, New York, NY.

Cedefop (European Centre for the Development of Vocational Training)(2008), *Terminology of European Education and Training Policy: A Selection of 100 Key Terms*, Office for Official Publications of the European Community, Luxembourg.

Costa, Jr., P.T. and R.R. McCrae (1992), *NEO PI-R Professional Manual*, Psychological Assessment Resources, Inc., Odessa, FL.

Cunha, F. and J. Heckman (2007), "The technology of skill formation", *American Economic Review*, Vol. 97, No. 2, pp. 31-47.

Cunha, F., J. Heckman and S. Schennach (2010), "Estimating the technology of cognitive and noncognitive skill formation", *Econometrica*, Vol. 78 (3), pp. 883-931.

El Nokali, N.E., H.J. Bachman and E. Votruba-Drzal (2010), "Parent involvement and children's academic and social development in elementary school", *Child Development*, Vol. 81, No. 3, pp. 988-1005.

Feist, G.J. (1998), "A meta-analysis of personality in scientific and artistic creativity", *Personality and Social Psychology Review*, Vol. 2, No. 4, pp. 290-309.

Halpern, D.F. (1998), "Teaching critical thinking for transfer across domains: Dispositions, skills, structure training, and metacognitive monitoring", *American Psychologist*, Vol. 53, No. 4, pp. 449-455.

Heckman, J.J., J. Humphries and G. Veramendi (2014), "Education, Health and Wages", *NBER Working Paper*, No. 19971.

Heckman, J.J., J. Stixrud and S. Urzua (2006), "The effects of cognitive and non-cognitive abilities on labor market outcomes and social behavior", *Journal of Labor Economics*, Vol. 24, No. 3, pp. 411-482.

John, O.P. and F. De Fruyt (2014), "Social and emotional skills constructs and measures for the OECD longitudinal study of skill dynamics", mimeo, OECD.

John, O.P. and S. Srivastava (1999), "The Big Five trait taxonomy: History, measurement, and theoretical perspectives", in L.A. Pervin and O.P. John (eds.), *Handbook of Personality: Theory and Research*, (2nd edition), Guilford Press, New York, NY, pp. 102-139.

Kautz, T. *et al.* (2014), "Fostering and Measuring Skills: Improving Cognitive and Non-cognitive Skills to Promote Lifetime Success", *OECD Education Working Papers*, No. 110, OECD Publishing, http://dx.doi.org/10.1787/5jxsr7vr78f7-en.

Kyllonen, P.C. and J.P. Bertling (2014), "Innovative questionnaire assessment methods to increase cross-country comparability", in L. Rutkowski, M. von Davier and D. Rutkowski (eds.), *Handbook of International Large-Scale Assessment: Background, Technical Issues, and Methods of Data Analysis*, CRC Press, Boca Raton, FL.

Lubart, T.I. (1994), "Creativity", in R.J. Sternberg (ed.), *Thinking and Problem Solving*, Academic Press, San Diego, CA.

McCrae, R.R. and O.P. John (1992), "An introduction to the five-factor model and its applications", *Journal of Personality*, Vol. 60, No. 2, pp. 175-215.

OECD (2013), *How's Life? 2013: Measuring Well-being*, OECD Publishing, Paris, http://dx.doi.org/10.1787/9789264201392-en. (『OECD幸福度白書2：より良い暮らし指標：生活向上と社会進歩の国際比較』OECD編著、西村美由起訳、明石書店、2015年)

OECD（2012）, *Better Skills, Better Jobs, Better Lives: A Strategic Approach to Skills Policies*, OECD Publishing, Paris, http://dx.doi.org/10.1787/9789264177338-en.

OECD（2011）, *How's Life?: Measuring Well-being*, OECD Publishing, Paris, http://dx.doi.org/10.1787/9789264121164-en.（『OECD幸福度白書：より良い暮らし指標：生活向上と社会進歩の国際比較』OECD編著、徳永優子，来田誠一郎，西村美由起,矢倉美登里訳、明石書店、2012年）

OECD（2009）, *Doing Better for Children*, OECD Publishing, Paris, http://dx.doi.org/10.1787/9789264059344-en.（『子どもの福祉を改善する：より良い未来に向けた比較実証分析』OECD編著、高木郁朗監訳、熊倉瑞恵,関谷みのぶ,永由裕美訳、明石書店、2011年）

OECD（2006）, *Are Students Ready for a Technology-Rich World? What PISA Studies Tell Us*, OECD Publishing, Paris, http://dx.doi.org/10.1787/9789264036093-en.

Ozer, D. and V. Benet-Martinez（2006）, "Personality and the prediction of consequential outcomes", *Annual Review of Psychology*, Vol. 57, pp. 401-421.

Pierre, G. *et al.*（2014）, "STEP Skills Measurement Surveys: Innovative Tools for Assessing Skills", *World Bank Social Protection and Labour Discussion Paper Series*, No.1421, World Bank Group, Washington, D.C.

Soto, C.J. *et al.*（2011）, "Age differences in personality traits from 10 to 65: Big Five domains and facets in a large cross-sectional sample", *Journal of Personality and Social Psychology*, Vol. 100, No. 2, pp. 330-348.

Stiglitz, J.E, A.K. Sen and J.P. Fitoussi（2009）, *Report by the Commission on the Measurement of Economic Performance and Social Progress*, Commission on the Measurement of Economic Performance and Social Progress, Paris, http://www.stiglitz-sen-fitoussi.fr/en/index.htm.

Werquin, P.（2010）, *Recognising Non-Formal and Informal Learning: Outcomes, Policies and Practices*, OECD Publishing, Paris, http://dx.doi.org/10.1787/9789264063853-en.（『学習成果の認証と評価：働くための知識・スキル・能力の可視化』OECD編著、山形大学教育企画室監訳、松田岳士訳、明石書店、2011年）

第3章

人生の成功を助けるスキル

　本章では、OECD加盟9か国における、子どもの認知的スキルと社会情動的スキルの向上が、将来の成果に与える影響について詳述する。本章で紹介する実証的分析結果は、国や対象年齢、スキルと成果の尺度がそれぞれ異なる縦断データに基づくものではあるが、一貫したパターンを示している。認知的スキルの10段階ランク（deciles）における向上が、教育機会と労働市場での成果に大きく影響する一方で、社会情動的スキルの向上は、健康、反社会的行動、主観的ウェルビーイングなどの社会的成果の改善に大きく寄与する。恵まれない子どもたちのスキル向上を目指した介入が、すばらしい長期的な社会的成果をあげたという例もある。成功した介入は、誠実性、社交性、情緒安定性を特に重視し、目標の達成、他者との協働、感情のコントロールを可能にするスキルの育成に重点を置く傾向がある。個人のウェルビーイングと社会的成果における多様な評価尺度の改善に関心のある政策立案者らは、このスキル発達領域の活用を検討できるだろう。

はじめに

　本章では、OECD加盟9か国における子どもの認知的スキルと社会情動的スキルに関する10段階ランクの向上が、彼らの将来の成果に及ぼす影響について詳述する[1]。社会情動的スキルの向上は、教育と労働市場での成果には中程度の影響しか与えていないが、さまざまな尺度で測定した社会的成果には大きな影響を及ぼしているとともに、社会情動的スキルの強化は、一般に認知的スキルの強化よりも効果が大きいことが示された[2]。このように、社会情動的スキルが非常に大きな力を持つ理由の一部として、社会情動的スキルは、個人の行動や生活習慣を形成する役割を担い、これが社会経済的成果を方向づけるためであることがあげられる。社会情動的スキルは、個人が高等教育を受ける機会を増大させ、意図を行動へと移す能力を高める。どんな種類の社会情動的スキルが重要であるかについて、因果関係を示すエビデンスは限られているが、本章では、子どもが目標を達成し、他者と協力し、感情をコントロールする能力を向上させる社会情動的スキルが、人生での成功において重要な推進力のひとつになりうることを示唆している。こうしたプロセスに関係する具体的なスキルには、忍耐力、社交性、自尊感情などが含まれる。

スキルがもたらす、より広範な恩恵

認知的スキルは、高等教育への進学と修了、労働市場での成果に大きな影響を与える

　OECDの縦断的な分析では、潜在因子モデルと反実仮想実験により、スキルへの投資における社会経済的利益を確認している（コラム3.1）。

第3章　人生の成功を助けるスキル

コラム 3.1　スキルの効果とスキル形成の因果過程についての OECD縦断的分析

2012年に、OECD教育と社会進歩（Education and Social Progress, ESP）プロジェクトは、OECD加盟11か国（オーストラリア、ベルギー（フランドル地域）、カナダ、ドイツ、韓国、ニュージーランド、ノルウェー、スウェーデン、スイス、英国、米国）の縦断的分析を行った。その目的は、1）さまざまな社会経済的成果へのスキルの効果と、2）過去のスキルと新たな学習への投資との相互作用によるスキル形成の因果過程を確認することである。この報告書では、ベルギー（フランドル地域）、カナダ、韓国、ニュージーランド、ノルウェー、スウェーデン、スイス、英国、米国の9か国の結果を提示している。

この研究は、OECDが確認した次にあげる縦断的データセット、そしてスキル、学習環境、成果（教育、労働市場、社会的）に関する適切な尺度の有用性に基づいたものである。

- オーストラリアの子どもたちの縦断的調査（Longitudinal Survey of Australian Children, LSAC）、**オーストラリア気質プロジェクト**（Australian Temperament Project, ATP）（オーストラリア）
- 中等教育の縦断的調査（Longitudinal Research in Secondary Education, LOSO）（ベルギー）
- 移行期の若者の研究（Youth in Transition Study, YITS）（カナダ）
- マンハイム若者研究（Mannheim Study of Youth, MARS）（ドイツ）
- 韓国若年者パネル研究（Korean Youth Panel Studies, KYPS）（韓国）
- 有能な子どもたち（Competent Children, CC）（ニュージーランド）
- ノルウェーの若者（Young in Norway, YiN）（ノルウェー）
- フォローアップによる評価（Evaluation Through Follow-up, ETF）（スウェーデン）
- 教育から雇用へ（Transition from Education to Employment, TREE）（スイス）
- 英国コホート研究（British Cohort Study, BCS）（英国）
- 縦断的幼児期研究-幼稚園（Early Childhood Longitudinal Study-Kindergarten, ECLS-K）、縦断的全国若者研究（National Longitudinal

Study of Youth, NLSY）（米国）

　OECDは、ウルズアとヴェラメンディ（Urzua and Veramendi, 2012）、および サルソーサとウルズア（Sarzosa and Urzua, 2014）に記載されている潜在 （動的）因子モデルを採用した。このモデルは、ヘックマンら（Heckman, Stixrud and Urzua, 2006）、クーニャとヘックマン（Cunha and Heckman, 2008）、 クーニャら（Cunha, Heckman and Schennach, 2012）に従っている。これ は、認知的スキルと社会情動的スキルに使用可能な尺度に内在する測定誤差と、 学習投資尺度の内生性（過去のスキルレベルが子どもの受ける投資の量に影響する こと）を考慮に入れている。スキル尺度が結果尺度に先行し、投資尺度はスキル尺 度に先行する。スキルの利益を示す結果は、最尤推定（MLE）と、スキルおよび成 果の反実仮想尺度を生成するシミュレーションを用いて求められている。この報 告書では、ベルギー、カナダ、韓国、ニュージーランド、ノルウェー、スウェー デン、スイス、英国、米国での主要な結果とデータセットを提示している。詳細 な国別分析、実証的モデル、推定方略は、OECDのウェブサイト（http://www. oecd.org/edu/ceri/educationandsocialprogress.htm）で2015年2月から 公表されている。

　この研究はOECDが設計・調整し、世界各国の研究者チームと共同で開発した。 参加した研究者は、セルジオ・ウルズア（Sergio Urzua）、ミゲル・サルソーサ （Miguel Sarzosa）、リカルド・エスピノーザ（Ricardo Espinoza）（メリーラン ド大学、米国）、ベン・エドワーズ（Ben Edwards）、ガリーナ・ダラガノヴァ （Galina Daraganova）（オーストラリア・ケース家族研究所、オーストラリア）、 スティーブン・グローンズ（Steven Groenez）（ルーヴェン大学、ベルギー）、ロ ス・フィニー（Ross Finnie）、ステファン・チャイルズ（Stephen Childs）（オ タワ大学、カナダ）、マイケル・コットレンバーグ（Michael Kottelenberg）、ス ティーブ・レーラー（Steve Lehrer）（クイーン大学、カナダ）、フリードハイム・ ファイファー（Friedhelm Pfeiffer）、カルステン・ルイス（Karsten Reuss）（欧 州経済研究所、ドイツ）、黄丽红（Lihong Huang）（オスロ・アーケシュフース応 用科学大学、ノルウェー）、ヤン・エリック・グスタフソン（Jan-Eric Gustafsson）、エリアス・ヨハンネソン（Elias Johannesson）（ヨーテボリ大 学、スウェーデン）、ロビン・サムエル（Robin Samuel）（バーゼル大学、スイス）

第3章　人生の成功を助けるスキル

である。

　OECDによる縦断的分析では、統一された実証的方略を用いて、さまざまな国でのスキルの推進力と成果を一貫して推定しているが、使用したミクロデータは、異なる構造、測定、統制変数、年齢グループによる複数の縦断的研究に基づいている[3]。そのため、第3章と第4章のグラフは、国ごとの分析に基づきスキルの利益や成果に関する全体的なパターンをみるためのものである。

　図3.1は、スキルの10段階ランクにおける上昇が、高等教育進学に与える影響についてのシミュレーションを示したものである。効果の程度は国によって異なるが、認知的スキル（灰色）の向上が高等教育への進学または修了に及ぼす影響は、社会情動的スキル（黒色）の向上による影響よりも大きい。たとえば図3.1（パネルB）では、韓国の14歳の生徒の認知的スキル（学力試験の点数と学校の成績を尺度とする）を10段階ランクの最下位から最上位へと上げると、4年制大学に進学する可能性が23パーセントポイント上がる一方で、相当する社会情動的スキルの向上（統制の所在[4]を尺度とする）の場合では、10パーセントポイント上げる効果を持つにすぎない。認知的スキルの効果は、特にノルウェー（パネルC）、スウェーデン（パネルD）、米国（パネルE）で大きい。ここで着目すべきは、社会情動的スキルの向上が高等教育への進学に与える影響は統計的に有意でないか、ゼロに近いことが多いということである。韓国（パネルB、責任および統制の所在）、ノルウェー（パネルC、外向性および自信）、スウェーデン（パネルD）、米国（パネルE）がその例である。ベルギー（パネルA）では、社会情動的スキル向上が高等教育進学に与える影響が、認知的スキル向上による影響力に匹敵しているが、これは米国における最近のエビデンスに類似している（Heckman, Humphries and Veramendi, 2014）。

図3.1 ［1/2］ 認知的スキルは高等教育進学に大きく影響する

パネルA　ベルギー（フランドル地域）
高等教育進学（自己申告）の確率（スキルの10段階ランク別）

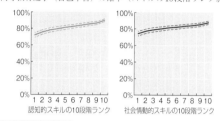

StatLink：http://dx.doi.org/10.1787/888933163676

注：実線は自己申告による高等教育進学の確率、点線は2.5-97.5％信頼区間を示す。この結果はOECDの縦断的分析に基づいている（コラム3.1）。認知的スキルは、第6学年中の数的・空間・言語性知能指数（IQ）検査を尺度として推定した潜在的認知的スキル因子によって把握した。社会情動的スキルは、第6学年中の外向性、自尊感情、誠実性を尺度として推定した潜在的な社会情動的スキルによって把握した。

パネルB　韓国
大学進学（自己申告）の確率（スキルの10段階ランク別）

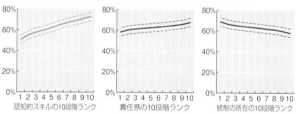

注：実線は、自己申告による19～20歳時の4年制大学進学の確率、点線は2.5-97.5％信頼区間を示す。この結果はOECDの縦断的分析に基づいている（コラム3.1）。社会情動的スキルは、14歳の時点での衝動性、失望感、不安感を尺度として推定した潜在的責任感因子と、14歳時の「自己決定する自信がある」「問題に対処する自分の能力に自信がある」「自分の人生に責任を持つ能力があると信じている」を尺度として推定した潜在的な統制的所在因子によって把握した。認知的スキルは、14歳時の学力試験の点数と学業成績を尺度として推定した潜在的認知的スキル因子に基づき、潜在的な責任感因子と統制的所在因子に対して条件づけて把握した。この実証的モデルは、学力試験と学業成績の尺度は潜在的な認知的、社会情動的スキル因子の関数の1つであることを想定している。

パネルC　ノルウェー
大学進学（自己申告）の確率（スキルの10段階ランク別）

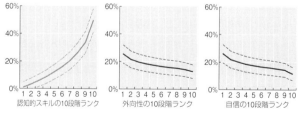

注：実線は20～24歳時の自己申告による大学進学の確率、点線は2.5-97.5％信頼区間を示す。この結果はOECDの縦断的分析に基づいている（コラム3.1）。認知的スキルは、15～19歳時の学力試験の点数、成績、自己評価による学力を尺度として推定した潜在的認知的スキル因子によって把握した。社会情動的スキルは、15～19歳時の内気、社会的受容、親しみやすさを尺度として推定した潜在的外向性因子、および15～19歳時の自己満足感、自己信頼感を尺度として推定した潜在的自信因子によって把握した。

第3章 人生の成功を助けるスキル

図3.1 [2/2] 認知的スキルは高等教育進学に大きく影響する
パネルD スウェーデン
大学進学（自己申告）の確率（スキルの10段階ランク別）

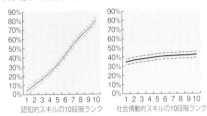

注：実線は、20歳時の自己申告による大学進学の確率、点線は2.5-97.5%信頼区間を示す。この結果はOECDの縦断的分析に基づいている（コラム3.1）。認知的スキルは、第3学年中の算数の成績、教科・言語能力を尺度として推定した潜在的認知的スキル因子によって把握した。社会情動的スキルは、第3学年中の根気強さ（grit）、社会不安、社会的協調性を尺度として推定した潜在的な社会情動的スキルによって把握した。

パネルE 米国
大学進学（自己申告）の確率（スキルの10段階ランク別）

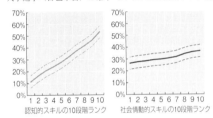

注：実線は20歳時の自己申告による4年制大学進学の確率、点線は2.5-97.5%信頼区間を示す。この結果はOECDの縦断的分析に基づいている（コラム3.1）。サンプルは白人男性に限られている。認知的スキルは、数学の知識、数値演算、コーディング速度を尺度として推定した潜在的認知的スキル因子によって把握した。社会情動的スキルは、自尊感情（ローゼンバーグ尺度）と統制の所在（ロッター尺度）を用いて推定した潜在的な社会情動的スキルによって把握した。これらは、子どもたちが高校に籍中に測定された。

図3.2 [1/2] 認知的スキルは高等教育修了に大きく影響する
パネルA カナダ
大学卒業（自己申告）の確率（スキルの10段階ランク別）

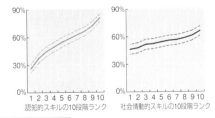

StatLink : http://dx.doi.org/10.1787/888933163681

注：実線は25歳時の自己申告による大学卒業の確率、点線は2.5-97.5%信頼区間を示す。この結果はOECDの縦断的分析に基づいている（コラム3.1）。認知的スキルは、15歳時のPISA読解力、数学的リテラシー、科学的リテラシーの点数を尺度として推定した潜在的認知的スキル因子によって把握した。社会情動的スキルは、15歳時の自己効力感、達成感、自尊感情を尺度として推定した潜在的な社会情動的スキル因子によって把握した。

図3.2 [2/2] 認知的スキルは高等教育修了に大きく影響する
パネルB　スイス
高等教育修了（自己申告）の確率（スキルの10段階ランク別）

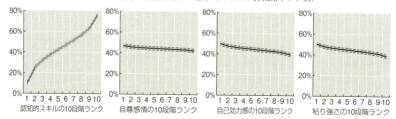

注：実線は、25歳時の自己申告による高等教育修了の確率、点線は2.5-97.5%信頼区間を示す。この結果はOECDの縦断的分析に基づいている（コラム3.1）。認知的スキルは、15歳時のPISA読解力、数学的リテラシー、科学的リテラシーの点数を尺度として推定した潜在的認知的スキル因子によって把握した。社会情動的スキルは、16歳時の自己充足感、「自分の長所を認める」「物事をうまくやる自信」の尺度を用いて推定した潜在的な自尊感情因子、16歳時の「努力すれば難しい問題を解決できるという自信」「何が起こっても対処できるという自信」「思いがけないことにも効果的に対処できるという自信」を尺度とする潜在的自己効力感因子、また16歳時の「目標達成への姿勢」、厳密さ、綿密さを尺度とする潜在的粘り強さの因子によって把握した。

パネルC　英国
高等教育修了（自己申告）の確率（スキルの10段階ランク別）

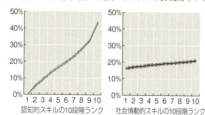

注：実線は26歳時の自己申告による高等教育修了の確率、点線は2.5-97.5%信頼区間を示す。この結果はOECDの縦断的分析に基づいている（コラム3.1）。認知的スキルは、10歳時の一般的認知能力を尺度として推定した潜在的認知的スキル因子によって把握した。社会情動的スキルは、10歳時の自尊感情、統制の所在、粘り強さを尺度として推定した潜在的な社会情動的スキル因子によって把握した。

パネルD　米国
大学卒業（自己申告）の確率（スキルの10段階ランク別）

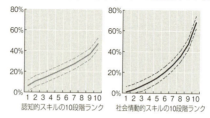

注：実線は自己申告による4年制大学卒業の確率、点線は2.5-97.5%信頼区間を示す。この結果はOECDの縦断的分析に基づいている（コラム3.1）。サンプルは高校卒業または一般教育修了検定（GED）合格以上の白人男性のみ。認知的スキルは、数学の知識、数値演算、コーディング速度を尺度として推定した潜在的認知的スキル因子によって把握した。社会情動的スキルは、自尊感情（ローゼンバーグ尺度）と統制の所在（ロッター尺度）を用いて推定した潜在的な社会情動的スキルによって把握した。これらは、子どもたちが高校在籍中に測定された。

第3章　人生の成功を助けるスキル

　図3.2は、カナダ（パネルA）、スイス（パネルB）、英国（パネルC）、米国（パネルD）での認知的スキルの高等教育修了へのポジティブな効果を示している。

　認知的スキルが高等教育の修了に大きな影響を与えているのは、高等教育への進学時の選抜メカニズムが、高校卒業、成績、学力試験に基づくためと考えられる。ただし、高等教育への進学資格を得た後には、教育を継続するうえで社会情動的スキルが特に重要な役割を果たすであろう。この点に関連し、図3.2（パネルD）では、すでに高校を卒業した、あるいは高校卒業相当の資格を獲得した米国の学生において、認知的スキルと社会情動的スキルが4年制大学修了にどういった影響を与えるかについて示している。これらの学生の社会情動的スキル向上がもたらす影響は、認知的スキル向上による影響よりも大きい。そして、この結果は文献とも一致している（Heckman, Stixrud and Urzua, 2006; Heckman, Humphries and Veramendi, 2014）。

　図3.3は、スキルの10段階ランク上昇による所得と雇用への影響を示したシミュレーションである。カナダ（パネルA）と英国（パネルF）を除き、認知的スキル（灰色）向上の影響は、社会情動的スキル（黒色）の影響よりも大きい。ノルウェー（パネルB）では、中等教育の学生の認知的スキルが、10段階のうち、最も低いランクから最も高いランクへと上がると、上位4分の1の所得階層に入る可能性が33パーセントポイント上昇するが、社会情動的スキル（自信）の10段階ランクを最下位から最上位へと上げても8パーセントポイントしか上昇していない。また、所得と失業に対する認知的スキルの影響は、特にノルウェー（パネルBとパネルE）、スウェーデン（パネルC）、スイス（パネルD）で大きい。文献も同様の結果を示している（Heckman, Stixrud and Urzua, 2006; Heckman, Humphries and Veramendi, 2014）。これは、認知能力によって学歴が決まり、雇用主はそれに基づいて、採用や初任給を決定するという選択メカニズムが働くことの結果によるものと考えられる。

77

図3.3 ［1/2］ 認知的スキルは所得と失業に大きく影響する
パネルA　カナダ
25歳時の所得（自己申告）の確率（スキルの10段階ランク別）

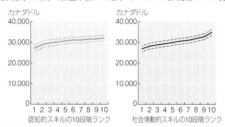

StatLink : http://dx.doi.org/10.1787/888933163696

注：実線は25歳時の自己申告による所得、点線は2.5-97.5％信頼区間を示す。この結果はOECDの縦断的分析に基づいている（コラム3.1）。認知的スキルは、15歳時のPISA読解力、数学的リテラシー、科学的リテラシーの点数を尺度として推定した潜在的認知的スキル因子によって把握した。社会情動的スキルは、15歳時の自己効力感、達成感、自尊感情を尺度として推定した潜在的な社会情動的スキル因子によって把握した。

パネルB　ノルウェー
26～31歳時に所得が上位4分の1の階層に入る（自己申告）確率（スキルの10段階ランク別）

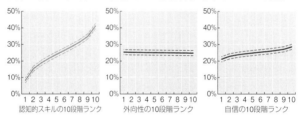

注：実線は自己申告に基づき上位4分の1の所得階層に入る確率、点線は2.5-97.5％信頼区間を示す。この結果はOECDの縦断的分析に基づいている（コラム3.1）。認知的スキルは、15～19歳時の学力試験の点数、成績、自己評価による学力を尺度として推定した潜在的認知的スキル因子によって把握した。社会情動的スキルは、15～19歳時の内気、社会的受容、親しみやすさを尺度として推定した潜在的外向性因子、および15～19歳時の自己充足感、自己への信頼を尺度として推定した潜在的自信因子によって把握した。所得は自己申告による。

パネルC　スウェーデン
30歳時に所得が上位4分の1の階層に入る（自己申告）確率（スキルの10段階ランク別）

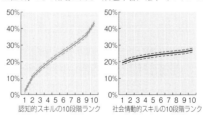

注：実線は自己申告に基づき30歳時に上位4分の1の所得階層に入る確率、点線は2.5-97.5％信頼区間を示す。この結果はOECDの縦断的分析に基づいている（コラム3.1）。認知的スキルは、第3学年中の算数の成績、教科・言語能力を尺度として推定した潜在的認知的スキル因子によって把握した。社会情動的スキルは、第3学年中の根気強さ、社会不安、社会的協調性を尺度として推定した潜在的な社会情動的スキルによって把握した。所得は自己申告による。

第3章 人生の成功を助けるスキル

図3.3［2/2］ 認知的スキルは所得と失業に大きく影響する

パネルD スイス
25歳時に所得が上位4分の1の階層に入る（自己申告）確率（スキルの10段階ランク別）

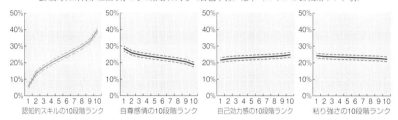

注：実線は、自己申告に基づき25歳時に上位4分の1の所得階層（フルタイム相当）に入る確率、点線は2.5-97.5%信頼区間を示す。この結果はOECDの縦断的分析に基づいている（コラム3.1）。認知的スキルは、15歳時のPISA読解力、数学的リテラシー、科学的リテラシーの点数を尺度として推定した潜在的認知的スキル因子によって把握したものである。社会情動的スキルは、16歳時の自己満足感、「自分の長所を認める」「物事をうまくやる自信」の尺度を用いて推定した潜在的な自尊感情因子、16歳時の「努力すれば難しい問題を解決できるという自信」「何が起こっても対処できるという自信」「思いがけないことにも効果的に対処できるという自信」を尺度とする潜在的自己効力感因子、また16歳時の「目標達成への姿勢」、厳密さ、綿密さを尺度とする潜在的粘り強さ因子によって把握した。所得は自己申告である。

パネルE ノルウェー
26～31歳時の失業（自己申告）の確率（スキルの10段階ランク別）

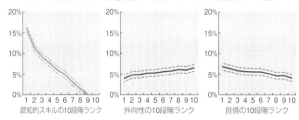

注：実線は自己申告に基づく26～31歳時の失業の確率、点線は2.5-97.5%信頼区間を示す。この結果はOECDの縦断的分析に基づいている（コラム3.1）。認知的スキルは、15～19歳時の学力試験の点数、成績、自己評価による学力を尺度として推定した潜在的認知的スキル因子によって把握した。社会情動的スキルは、15～19歳時の内気、社会的受容、親しみやすさ尺度を用いて推定した潜在的外向性因子、および15～19歳時の自己満足感、自己への信頼を尺度として推定した潜在的自信因子によって把握した。

パネルF 英国
26歳時の失業（自己申告）の確率（スキルの10段階ランク別）

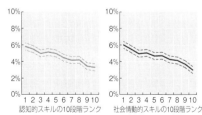

注：実線は、自己申告に基づく26歳時の失業の確率、点線は2.5-97.5%信頼区間を示す。この結果はOECDの縦断的分析に基づいている（コラム3.1）。認知的スキルは、第10学年中の一般的認知能力を尺度として推定した潜在的認知的スキル因子によって把握した。社会情動的スキルは、第10学年中の自尊感情、統制の所在、粘り強さを尺度として推定した潜在的な社会情動的スキル因子によって把握した。

社会情動的スキルは、多様な社会的成果に大きく影響する

　第1章、第2章、第5章では、政策立案者、教師、親、生徒にとって重要な成果は多様であり、学歴や労働市場における成果の範疇をはるかに超えることを示している。社会情動的スキルはさらに広範な恩恵をもたらすのだろうか。図3.5から図3.9は、スキルに関する10段階ランクの上昇が、さまざまな社会的成果と主観的ウェルビーイングに与える影響について示している。図3.4、図3.5、図3.6、図3.7は、社会情動的スキルが、健康面における成果の向上と反社会的行動の抑制に対して、特に重要な役割を果たすことを示している。さらに図3.8は、社会情動的スキルが、攻撃的な行為による被害から身を守る一助にもなることを示唆している。これらの図は、ほとんどの場合、社会情動的スキルの向上による社会的成果の改善効果が、それと同等の認知的スキル向上による効果を上回るのだということを表す。この点も、同様の研究結果と一致している（Heckman, Stixrud and Urzua, 2006; Heckman, Humphries and Veramendi, 2014）。

　そして、図3.4は、社会情動的スキルの向上が肥満を減少させる効果が、認知的スキル向上の効果に匹敵することを示唆している。たとえば英国（パネルB）では、子どもの認知的スキル（一般的認知能力の尺度による）を最も低い10段階ランクから最も高いランクへと上昇させることにより、16歳時に肥満である可能性が2パーセントポイント下がり、一方で、子どもの社会情動的スキルの10段階ランク（自尊感情、統制の所在、粘り強さを尺度とする）を上げると、肥満の可能性は3パーセントポイント下がることが指摘されている。同様の効果は米国（パネルC）でも報告されており、子どもの認知的スキルと社会情動的スキルいずれにおいても、10段階のうち、最も低いランクから最も高いランクへ上げることで、自己申告による肥満が3パーセントポイント減少する効果がみられた。社会情動的スキル（自信）向上が自己申告による肥満に与える効果は、ノルウェー（パネルA）で特に高く、認知的スキル向上の効果に匹敵する。ただし、外向性の上昇による負の効果は注目に値するものであり、ノルウェーの報告では、子どもの外向性レベルが高まると、自己申告による肥満の割合が増加する。

第3章　人生の成功を助けるスキル

図3.4　社会情動的スキルは肥満に大きく影響する

パネルA　ノルウェー
26～31歳時の肥満（自己申告）の確率（スキルの10段階ランク別）

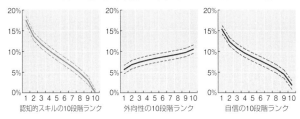

注：実線は、26～31歳の自己申告による体格指数（BMI）30以上（肥満）の確率、点線は2.5-97.5%信頼区間を示す。この結果はOECDの縦断的分析に基づいている（コラム3.1）。認知的スキルは、15～19歳時の学力試験の点数、成績、自己評価による学力を尺度として推定した潜在的認知的スキル因子によって把握した。社会情動的スキルは、15～19歳時の内気、社会的受容、親しみやすさを尺度として推定した潜在的外向性因子、および15～19歳時の自己満足感、自己への信頼を尺度として推定した潜在的自信因子によって把握した。26～31歳の自己申告の体重と身長に基づき、BMI指数30以上を肥満とした。

パネルB　英国
16歳時の肥満の確率（スキルの10段階ランク別）

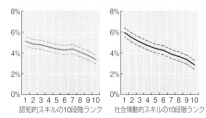

注：実線は16歳時に肥満と診断される確率、点線は2.5-97.5%信頼区間を示す。この結果はOECDの縦断的分析に基づいている（コラム3.1）。認知的スキルは、10歳時の一般的認知能力を尺度として推定した潜在的認知的スキル因子によって把握した。社会情動的スキルは、10歳時の自尊感情、統制の所在、粘り強さを尺度として推定した潜在的な社会情動的スキル因子によって把握した。肥満は、16歳時の健康診断に基づいて計算したBMIに基づいて把握した。BMIパーセンタイル値が95以上の子どもが肥満とみなされている。

パネルC　米国
第8学年時の肥満（自己申告）の確率（スキルの10段階ランク別）

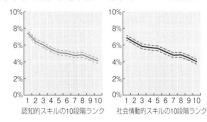

注：実線は、第8学年中の自己申告による体格指数（BMI）パーセンタイルが95以上の確率、点線は2.5-97.5%信頼区間を示す。この結果はOECDの縦断的分析に基づいている（コラム3.1）。認知的スキルは、幼稚園在園中の一般的認知能力を尺度として推定した潜在的認知的スキル因子によって把握した。社会情動的スキルは、幼稚園在園中の自己制御、学習態度、内在化行動を尺度として推定した潜在的な社会情動的スキルによって把握した。肥満は、第8学年の時点で、訓練を受けた面接調査者が直接調べた子どもの体重と身長に基づいて計算したBMIによる。

81

図3.5 [1/2] 社会情動的スキルは抑うつに大きく影響する
パネルA　韓国
19歳時の抑うつ（自己申告）の確率（スキルの10段階ランク別）

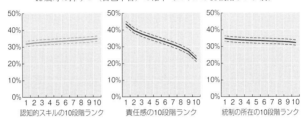

注：実線は自己申告に基づき19歳時に、抑うつ得点上位4分の1に入る確率、点線は2.5-97.5%信頼区間を示す。この結果はOECDの縦断的分析に基づいている（コラム3.1）。社会情動的スキルは、14歳の時点での衝動性、失望感、不安感を尺度として推定した潜在的責任感因子と、14歳時の「自己決定する自信がある」「問題に対処する自分の能力に自信がある」「自分の人生に責任を持つ能力があると信じている」を尺度として推定した潜在的な統制の所在因子によって把握した。認知的スキルは、14歳時の学力試験の点数と学業成績を尺度として推定した潜在的認知的スキル因子により、潜在的な責任感因子と統制の所在因子に対して条件づけて把握した。この実証的モデルは、学力試験と学業成績の尺度が潜在的な認知的、社会情動的スキル因子の機能の1つであることを想定している。

パネルB　ノルウェー
26～31歳時の抑うつ（自己申告）の確率（スキルの10段階ランク別）

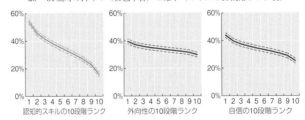

注：実線は、自己申告に基づき26～31歳に抑うつ得点の上位4分の1に入る確率、点線は2.5-97.5%信頼区間を示す。この結果はOECDの縦断的分析に基づいている（コラム3.1）。認知的スキルは、15～19歳時の学力試験の点数、成績、自己評価による学力を尺度として推定した潜在的認知的スキル因子によって把握した。社会情動的スキルは、15～19歳時の内気、社会的受容、親しみやすさを尺度として推定した潜在的外向性因子、および15～19歳時の自己満足感、自己への信頼を尺度として推定した潜在的自信因子によって把握した。

パネルC　スイス
25歳時の抑うつ（自己申告）の確率（スキルの10段階ランク別）

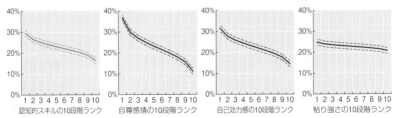

注：実線は、自己申告に基づき、25歳時に抑うつ得点上位4分の1に入る確率、点線は2.5-97.5%信頼区間を示す。この結果はOECDの縦断的分析に基づいている（コラム3.1）。認知的スキルは、15歳時のPISA読解力、数学的リテラシー、科学的リテラシーの点数を尺度として推定した潜在的認知的スキル因子によって把握した。社会情動的スキルは、16歳時の自己満足感、「自分の長所を認める」「物事をうまくやる自信」の尺度を用いて推定した潜在的な自尊感情因子、16歳時の「努力が難しい問題を解決できるという自信」「何が起こっても対処できるという自信」「思いがけないことにも効果的に対処できるという自信」を尺度とする潜在的自己効力感因子、また16歳時の「目標達成への姿勢」、厳密さ、綿密さを尺度とする潜在的粘り強さ因子によって把握した。抑うつ尺度は、自己申告による肯定的・否定的感情によって構築されている。

図3.5 [2/2] 社会情動的スキルは抑うつに大きく影響する

パネルD　英国
16歳時の抑うつ（自己申告）の確率（スキルの10段階ランク別）

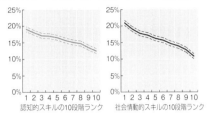

注：実線は16歳時の自己申告による抑うつの確率、点線は2.5-97.5%信頼区間を示す。この結果はOECDの縦断的分析に基づいている（コラム3.1）。認知的スキルは、10歳時の一般的認知能力を尺度として推定した潜在的認知的スキル因子によって把握した。社会情動的スキルは、10歳時の自尊感情、統制の所在、粘り強さを尺度として推定した潜在的な社会情動的スキル因子によって把握した。不調スコアが15以上を抑うつとした。

パネルE　米国
第8学年時の抑うつ（自己申告）の確率（スキルの10段階ランク別）

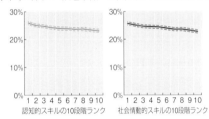

注：実線は、第8学年中少なくとも「時々」抑うつを経験した自己申告による確率、点線は2.5-97.5%信頼区間を示す。この結果はOECDの縦断的分析に基づいている（コラム3.1）。認知的スキルは、幼稚園在園中の一般的認知能力を尺度として推定した潜在的認知的スキル因子によって把握した。社会情動的スキルは、幼稚園在園中の自己制御、学習態度、内在化行動を尺度として推定した潜在的な社会情動的スキルによって把握した。

　図3.5は、ノルウェー（パネルB）を例外として、社会情動的スキルの向上が個人の自己申告による抑うつ体験に与える影響が、相当する認知的スキル向上の影響よりも強いことを示している。たとえばスイス（パネルC）では、自尊感情を10段階の最低ランクから最高ランクに上げると、自己申告による抑うつが26パーセントポイント減少するが、同様の認知的スキル向上が与える効果は13％にすぎない。社会情動的スキルの自己申告による抑うつへの効果は、韓国（パネルA）と英国（パネルD）で特に強い。この結果は、米国（Heckman and Kautz, 2012）におけるエビデンスと一致している。
　図3.6は、社会情動的スキル向上が、自己申告による個人の問題行動の確率を減少しうる影響力の強さは、英国（パネルD）を除き、対応する認知的ス

図3.6 [1/2] 社会情動的スキルは問題行動に大きく影響する

パネルA 韓国
15歳時の問題行動（自己申告）の確率（スキルの10段階ランク別）

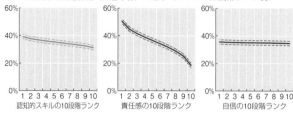

注：実線は、自己申告に基づく、15歳時の過去1年間に、他者への激しい殴打、非行グループ内の闘争、強奪、窃盗、からかい、冷やかし、脅し、あるいは、いじめた経験の確率、点線は2.5-97.5%信頼区間を示す。この結果はOECDの縦断的分析に基づいている（コラム3.1）。社会情動的スキルは、14歳の時点での衝動性、失望感、不安感を尺度として推定した潜在的責任感因子と、14歳時の「自己決定する自信がある」「問題に対処する自分の能力に自信がある」「自分の人生に責任を持つ能力があると信じている」を尺度として推定した潜在的な統制の所在因子によって把握した。認知的スキルは、14歳時の学力試験の点数と学業成績を尺度として推定した潜在的認知的スキル因子により、潜在的な責任感因子と統制の所在因子に対して条件づけて把握した。この実証的モデルは、学力試験と学業成績の尺度が潜在的な認知的スキル因子と社会情動的スキル因子の機能の1つであることを想定している。

パネルB ニュージーランド

16歳時の問題行動（自己申告）の確率（スキルの10段階ランク別）　　20歳時の問題行動（自己申告）の確率（スキルの10段階ランク別）

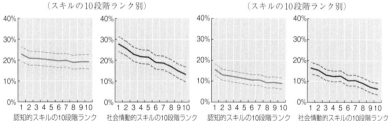

注：実線は16歳時の問題行動のグラフについては自己申告による飲酒、喫煙、薬物乱用、暴力、喧嘩の確率、20歳時の問題行動のグラフについては自己申告によるマリファナ使用と警察沙汰を起こした経験、点線は2.5-97.5%信頼区間を示す。この結果はOECDの縦断的分析に基づいている（コラム3.1）。認知的スキルは8歳時の学力試験と問題解決試験によって推定した潜在的な認知的スキル因子によって把握した。社会情動的スキルは8歳時の粘り強さ、責任感、社会的スキルによって推定した潜在的な社会情動的スキル因子によって把握した。

パネルC スイス
17歳時の問題行動（自己申告）の確率（スキルの10段階ランク別）

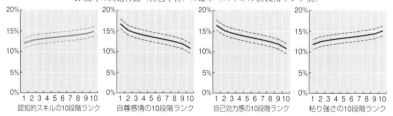

注：実線は自己申告による17歳時の警察沙汰を起こした経験と学校での非行の確率、点線は2.5-97.5%信頼区間を示す。この結果はOECDの縦断的分析に基づいている（コラム3.1）。認知的スキルは、15歳時のPISA読解力、数学的リテラシー、科学的リテラシーの点数を尺度として推定した潜在的認知的スキル因子によって把握した。社会情動的スキルは、16歳時の自己満足感、「自分の長所を認める」「物事をうまくやる自信」といった尺度を用いて推定した潜在的自尊感情因子、16歳時の「努力すれば難しい問題を解決できるという自信」「何が起こっても対処できるという自信」「思いがけないことにも効果的に対処できるという自信」などの尺度を用いた潜在的自己効力感因子、また16歳時の「目標達成への姿勢」、厳密さ、綿密さを尺度とする潜在的粘り強さ因子によって把握した。

第3章　人生の成功を助けるスキル

図3.6 [2/2]　社会情動的スキルは問題行動に大きく影響する

パネルD　英国
16歳時の問題行動（自己申告）の確率（スキルの10段階ランク別）

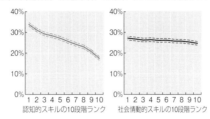

注：実線は、自己申告による16歳時の大量飲酒または喫煙、点線は2.5-97.5%信頼区間を示す。この結果はOECDの縦断的分析に基づいている（コラム3.1）。認知的スキルは、第10学年時の一般的認知能力を尺度として推定した潜在的認知的スキル因子によって把握した。社会情動的スキルは、自尊感情、統制の所在、粘り強さを尺度として推定した潜在的な社会情動的スキル因子によって把握した。

パネルE　米国
第8学年時の問題行動（自己申告）の確率（スキルの10段階ランク別）

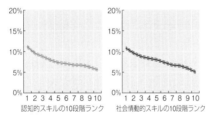

注：実線は、自己申告による第8学年での喧嘩の確率、点線は2.5-97.5%信頼区間を示す。この結果はOECDの縦断的分析に基づいている（コラム3.1）。認知的スキルは、幼稚園在園中の一般的認知能力を尺度として推定した潜在的認知的スキル因子によって把握した。社会情動的スキルは、幼稚園在園中の自己制御、学習態度、内在化行動を尺度として推定した潜在的な社会情動的スキル因子によって把握した。

キル向上のそれに勝ることを示している。ニュージーランド（パネルB）については、8歳児の社会情動的スキル（忍耐力、責任感、コミュニティ内の仲間との関係での社会的スキルによる）を10段階のうち、最も低いランクから最も高いランクへと上げると、16歳時の自己申告による問題行動（飲酒、喫煙、薬物乱用、暴力、喧嘩）の確率が15パーセントポイント下がるが、相当する認知的スキルの向上による効果は統計的に有意であると認められない。こうした社会情動的スキルの問題行動への影響は、韓国（責任感、パネルA）とスイス（自尊感情、自己効力感、パネルC）で特に大きい。

　学校でのいじめは、多くのOECD諸国とパートナー諸国で大きな政策課題となっている。図3.7は、この難問に直面している韓国では、生徒の攻撃的

行動にスキルがどのように影響するのかを明らかにしている（Sarzosa and Urzua, 2013）。その結果、生徒の責任感の欠如が、自己申告によるいじめへの関与に強く影響することが示唆されている。韓国の14歳児の責任感が10段階のうち、最も低いランクから最も高いランクへと上がると、15歳でのいじめへの関与が13パーセントポイント減少する効果がある。他方で、子どもの認知的スキルは自己申告によるいじめへの関与にまったく影響しない。

　社会情動的スキルは、子どもが攻撃における加害者になる可能性を下げるだけでなく、被害者になることを防ぐ可能性もある。図3.8は、社会情動的スキルの向上には、自己申告による被害経験の可能性を下げる強い影響力があることを示す。たとえばパネルCは、米国の幼稚園児の社会情動的スキル（自己制御、学習態度、内在化行動によって測定）を10段階で最も低いランクから最も高いランクへと上げると、8学年でいじめにあう可能性が12パーセントポイント下がる。認知的スキルを上げても同様の効果がみられた。韓国では（パネルA）、認知的スキルを上昇させても、いじめられるかどうかに影響がみられない一方で、責任感が10段階のうち最も低いランクから最も高いランクに上がると、攻撃の被害者になる確率が5パーセントポイント低くなることが指摘されている。

図3.7　社会情動的スキルはいじめに大きく影響する

韓国

15歳時のいじめ行動（自己申告）の確率（スキルの10段階ランク別）

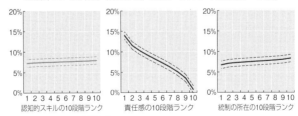

StatLink : http://dx.doi.org/10.1787/888933163737

注：実線は、自己申告に基づき15歳時の過去1年間に他者を酷くからかった、冷やかした、脅した、あるいはいじめた経験の確率、点線は2.5-97.5%信頼区間を示す。この結果はOECDの縦断的分析に基づいている（コラム3.1）。社会情動的スキルは、14歳時の衝動性、失望感、不安感を尺度として推定した潜在的責任感因子と、14歳時の「自己決定する自信がある」「問題に対処する自分の能力に自信がある」「自分の人生に責任を持つ能力があると信じている」を尺度として推定した潜在的な統制の所在因子によって把握した。認知的スキルは、14歳時の学力試験の点数と学業成績に関する尺度を用いた潜在的認知的スキル因子によって把握し、潜在的な責任感と統制の所在因子に対して条件づけた。この実証的モデルは、学力試験と学業成績の尺度は潜在的な認知的、社会情動的スキル因子の関数の1つであることを想定している。

第3章 人生の成功を助けるスキル

図3.8 社会情動的スキルは被害者になるかどうかに大きく影響する

パネルA 韓国
15歳時点で被害を受けている（自己申告）確率（スキルの10段階ランク別）

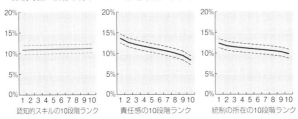

StatLink : http://dx.doi.org/10.1787/888933163743

注：実線は、15歳時の自己申告に基づく、強奪を受けた、あるいは蹴られた経験の確率、点線は2.5-97.5%信頼区間を示す。この結果はOECDの縦断的分析に基づいている（コラム3.1）。社会情動的スキルは、14歳時の衝動性、失望感、不安感を尺度として推定した潜在的責任感因子と、14歳時の「自己決定する自信がある」「問題に対処する自分の能力に自信がある」「自分の人生に責任を持つ能力があると信じている」を尺度として推定した潜在的な統制の所在因子によって把握した。認知的スキルは、14歳時の学力試験の点数と学業成績を尺度として推定した潜在的認知的スキル因子により把握し、潜在的な責任感と統制の所在因子に対して条件づけた。この実証的モデルは、学力試験と学業成績の尺度は潜在的な認知的、社会情動的スキル因子の機能の1つであることを想定している。

パネルB ノルウェー
15〜19歳時点で被害を受けている（自己申告）確率（スキルの10段階ランク別）

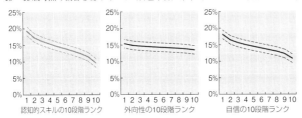

注：実線は、自己申告による15〜19歳で暴力的脅迫や身体的攻撃を受けた確率、点線は2.5-97.5%信頼区間を示す。この結果はOECDの縦断的分析に基づいている（コラム3.1）。認知的スキルは、15〜19歳時の学力試験の点数、成績、自己評価による学力を尺度として推定した潜在的認知的スキル因子によって把握した。社会情動的スキルは、15〜19歳時の内気、社会的受容、親しみやすさを尺度として推定した潜在的外向性因子、および自己満足感と自己への信頼を尺度として推定した潜在的自信因子によって把握した。

パネルC 米国
第8学年時にいじめを受けている（自己申告）確率（スキルの10段階ランク別）

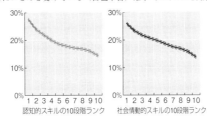

注：実線は、自己申告に基づく第8学年中に頻繁にいじめを受ける確率、点線は2.5-97.5%信頼区間を示す。この結果はOECDの横断的分析に基づいている（コラム3.1）。認知的スキルは、幼稚園在園中の一般的認知能力を尺度として推定した潜在的認知的スキル因子によって把握した。社会情動的スキルは、幼稚園在園中の自己制御、学習態度、内在化行動を尺度として推定した潜在的な社会情動的スキルによって把握した。

87

社会情動的スキルは主観的ウェルビーイングに大きく影響する

図3.9は、それぞれのスキルが10段階で最も低いランクから最も高いランクへと上がることが、主観的ウェルビーイング（生活満足度など）にもたらす効果を示している。この結果は、一般に社会情動的スキルが、自己申告による生活満足度、人生への積極的態度、幸福（不幸）に大きく影響し、その効果は認知的スキルの向上による効果を大きく上回ることを示唆している。たとえばスイスの結果（パネルC）では、16歳時の自己効力感を10段階のうち最低ランクから最高ランクへ引き上げることが、25歳時の人生への積極的姿勢に大きなプラスの影響（21パーセントポイント）を与えるのに対して、15歳時の認知的スキル（PISAリテラシーに基づく）を上げることが大きなマイナスの効果をもたらす（16パーセントポイント）ことを示す。韓国（パネルA）、ニュ

図3.9 [1/2] 社会情動的スキルは生活満足度に大きく影響する

パネルA 韓国
19歳時点で生活に満足している（自己申告）確率（スキルの10段階ランク別）

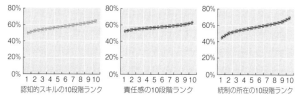

StatLink : http://dx.doi.org/10.1787/888933163758

注：実線は、自己申告による19歳時点での生活に満足している確率、点線は2.5-97.5%信頼区間を示す。この結果はOECDの縦断的分析に基づいている（コラム3.1）。社会情動的スキルは、14歳時点での衝動性、失望感、不安感を尺度として推定した潜在的責任感因子と、14歳時の「自己決定する自信がある」「問題に対処する自分の能力に自信がある」「自分の人生に責任を持つ能力があると信じている」を尺度として推定した潜在的な統制の所在因子によって把握した。認知的スキルは、14歳時の学力試験の点数と学業成績を尺度として推定した潜在的認知的スキル因子に基づいて把握し、潜在的な責任感因子と統制の所在因子に対して条件づけた。この実証的モデルは、学力試験と学業成績の尺度が潜在的な認知的スキル因子と社会情動的スキル因子の関数の1つであることを想定している。

パネルB ニュージーランド
20歳時点で非常に幸福である（自己申告）確率（スキルの10段階ランク別）

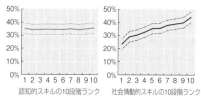

注：実線は、20歳時に自己申告に基づき非常に幸福である確率、点線は2.5-97.5%信頼区間を示す。この結果はOECDの縦断的分析に基づいている（コラム3.1）。認知的スキルは8歳時の学力試験と問題解決試験によって推定した潜在的認知的スキル因子によって把握した。社会情動的スキルは8歳時の粘り強さ、責任感、社会的スキルによって推定した潜在的な社会情動的スキル因子によって把握した。

第3章 人生の成功を助けるスキル

図3.9 [2/2] 社会情動的スキルは生活満足度に大きく影響する

パネルC スイス
25歳時点で人生に積極的姿勢を示す（自己申告）確率（スキルの10段階ランク別）

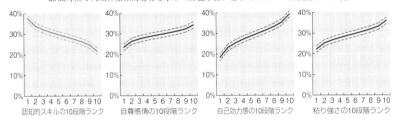

注：実線は自己申告による25歳時点で人生に積極的姿勢を示す確率、点線は2.5-97.5%信頼区間を示す。この結果はOECDの縦断的分析に基づいている（コラム3.1）。認知的スキルは、15歳時のPISA読解力、数学的リテラシー、科学的リテラシーの点数を尺度として推定した潜在的認知的スキル因子によって把握した。社会情動的スキルは、16歳時の自己満足感、「自分の長所を認める」「物事をうまくやる自信」の尺度を用いて推定した潜在的自尊感情因子、16歳時の「努力すれば難しい問題を解決できるという自信」「何が起こっても対処できるという自信」「思いがけないことにも効果的に対処できるという自信」を尺度とする潜在的自己効力感因子、また16歳時の「目標達成への姿勢」、厳密さ、綿密さを尺度とする潜在的粘り強さ因子によって把握した。

パネルD 英国
26歳時点で生活に満足している（自己申告）確率（スキルの10段階ランク別）

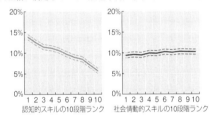

注：実線は自己申告に基づき26歳時点での生活満足度の確率、点線は2.5-97.5%信頼区間を示す。この結果はOECDの縦断的分析に基づいている（コラム3.1）。認知的スキルは、10歳時の一般的認知能力を尺度として推定した潜在的認知的スキル因子によって把握した。社会情動的スキルは、10歳時の自尊感情、統制の所在、粘り強さを尺度として推定した潜在的な社会情動的スキル因子によって把握した。

パネルE 米国
第8学年時点で不幸である（自己申告）確率（スキルの10段階ランク別）

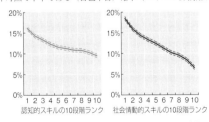

注：実線は自己申告による第8学年時に不幸である確率、点線は2.5-97.5%信頼区間を示す。この結果はOECDの縦断的分析に基づいている（コラム3.1）。認知的スキルは、幼稚園在園中の一般的認知能力を尺度として推定した潜在的認知的スキル因子によって把握した。社会情動的スキルは、幼稚園在園中の自己制御、学習態度、内在化行動を尺度として推定した潜在的な社会情動的スキルによって把握した。

ージーランド（パネルB）、米国（パネルE）の結果も、社会情動的スキルが主観的ウェルビーイング尺度（生活満足度と幸福）の上昇に大きな効果を持つことを示している。

社会情動的スキルは人々が行動と生活習慣の改善により生活を改善することを助ける

社会情動的スキルが、さまざまな社会的成果に対して、特に強い影響を与えているのにはいくつかの理由がある。たとえば健康面については、社会情動的スキルが、飲酒、喫煙、過食などに関する行動や生活習慣を形成することを通じて、経済的・社会的成果を向上させることが考えられる。このような健康に関する生活習慣因子は、糖尿病、肥満、精神障害などの健康面に大きく影響する（OECD, 2010）。図3.10は、社会情動的スキルが、健康に関するいくつかの生活習慣の主要な尺度を直接的に改善できることを示唆している。

ノルウェー（パネルA）では、15～19歳時の自信のレベルを上げると、飲酒障害の上位4分の1に入る可能性が11パーセントポイント下がる。ノルウェーでは、認知的スキルレベルの上昇も飲酒障害の確率を下げるが、その幅は社会情動的スキルに比べて小さい。

同様のパターンが喫煙でもみられる。韓国（パネルB）では、14歳児の責任

図3.10 [1/2]　社会情動的スキルは健康に関する生活習慣因子を改善する

パネルA　ノルウェー
26～31歳時にアルコール障害（自己申告）の最上位4分の1に入る確率（スキルの10段階ランク別）

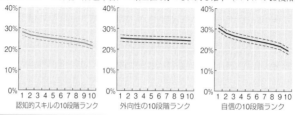

StatLink : http://dx.doi.org/10.1787/888933163763

注：実線は、アルコール使用障害識別テスト（Alcohol Use Disorders Identification Test, AUDIT）に基づき、26～31歳時にアルコール障害の最上位4分の1に入る確率、点線は2.5-97.5％信頼区間を示す。この結果はOECDの縦断的分析に基づいている（コラム3.1）。認知的スキルは、15～19歳時の学力試験の点数、成績、自己評価による学力を尺度として推定した潜在的認知的スキル因子によって把握した。社会情動的スキルは、15～19歳時の内気、社会的受容、親しみやすさを尺度として推定した潜在的外向性因子、および15～19歳時の自己満足感、自己への信頼を尺度として推定した潜在的自信因子によって把握した。

第3章 人生の成功を助けるスキル

図3.10 [2/2] 社会情動的スキルは健康に関する生活習慣因子を改善する

パネルB 韓国
19歳時の喫煙（自己申告）の確率（スキルの10段階ランク別）

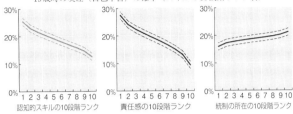

注：実線は自己申告による19歳時の喫煙経験の確率、点線は2.5-97.5%信頼区間を示す。この結果はOECDの縦断的分析に基づいている（コラム3.1）。社会情動的スキルは、14歳時の衝動性、失望感、不安感を尺度として推定した潜在的責任感因子と、14歳時の「自己決定する自信がある」「問題に対処する自分の能力に自信がある」「自分の人生に責任を持つ能力があると信じている」を尺度として推定した潜在的な統制の所在因子によって把握した。認知的スキルは、14歳時の学力試験の点数と学業成績を尺度として推定した潜在的認知的スキル因子によって把握し、潜在的な責任感と統制の所在因子に対して条件づけた。この実証的モデルは、学力試験と学業成績の尺度が潜在的な認知的スキル因子と社会情動的スキル因子の関数の1つであることを想定している。

パネルC 英国
26歳時に毎日喫煙している（自己申告）確率（スキルの10段階ランク別）

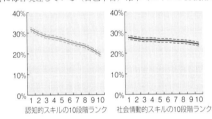

注：実線は自己申告による26歳時に毎日喫煙している確率、点線は2.5-97.5%信頼区間を示す。この結果はOECDの縦断的分析に基づいている（コラム3.1）。認知的スキルは、10歳時の一般的認知能力を尺度として推定した潜在的認知的スキル因子によって把握した。社会情動的スキルは、10歳時の自尊感情、統制の所在、粘り強さを尺度として推定した潜在的な社会情動的スキル因子によって把握した。

パネルD ノルウェー
26〜31歳時に摂食障害を持つ（自己申告）確率（スキルの10段階ランク別）

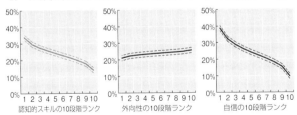

注：実線は、自己申告に基づき26〜31歳時に摂食態度検査（Eating Attitudes Test, EAT）の摂食障害分布の上位4分の1に入る確率、点線は2.5-97.5%信頼区間を示す。この結果はOECDの横断的分析に基づいている（コラム3.1）。認知的スキルは、15〜19歳時の学力試験の点数、成績、自己評価による学力を尺度として推定した潜在的認知的スキル因子によって把握した。社会情動的スキルは、15〜19歳時の内気、社会的受容、親しみやすさを尺度として推定した潜在的外向性因子、および15〜19歳時の自己満足感、自己への信頼を尺度として推定した潜在的自信因子によって把握した。

感のレベルを10段階ランクのうち、最低から最高へ上げると、19歳時に毎日喫煙する可能性が18パーセントポイント下がる。これは、認知的スキルにおけるランク向上がもたらす効果を大幅に上回る（13パーセントポイント）。しかし、英国（パネルC）では、認知的スキルが毎日の喫煙を抑制する効果のほうが、社会情動的スキルの効果よりも大きい。毎日の喫煙が健康に及ぼす影響と、禁煙を遂行するための複雑な手法をよりよく理解するには、認知的スキルが社会情動的スキルよりもはるかに重要な役割を果たすと思われる。最後に、ノルウェー（パネルD）では、思春期の自信を10段階のうち、最も低いランクから最も高いランクへと高めると、個人が成人期初期に摂食障害を経験する可能性が29パーセントポイント下がる。これは、認知的スキル向上による影響（20パーセントポイント）を大幅に上回る。

社会情動的スキルは、個人が高等教育からより多くの恩恵を得る助けとなる

　社会情動的スキルは、個人が教育の恩恵を受ける助けとなることで、さまざまな社会的成果にも強い影響力を持つ。図3.11は、大学進学が、生活満足度、賃金、抑うつ、大量アルコール摂取などに与える影響が、社会情動的スキルのレベルによって、どのように異なるかを表している。パネルAとパネルBは、社会情動的スキルの高い人は、高等教育から大きな恩恵を受けていることを示唆しており、これは社会情動的スキルへの投資が、全体的な利益の大きさにつながっていることを表している。

　たとえば韓国では、統制の所在のランクが10段階で最高位にある人では、単科大学進学が生活満足度にもたらす平均的な影響力が11パーセントポイント上昇する一方で、最下位ランクの人では相当する影響力が6パーセントポイントにとどまっている。スイスでは、自尊感情が10段階ランクの最上位にある人は、単科大学進学の自己申告による抑うつへの平均影響が10パーセントポイント低下する一方、自尊感情が最下位ランクの人では、相当する影響力は18パーセントポイントとなっている。

第3章 人生の成功を助けるスキル

図3.11 社会情動的スキルの10段階ランクが高い人ほど大学進学の利益が大きい
社会情動的スキルの10段階ランク別の大学進学の平均処理効果（ATE）

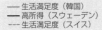
パネルA 生活満足度と賃金に対する大学進学の効果

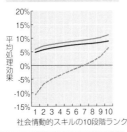

パネルB 抑うつと大量アルコール摂取に対する大学進学の効果

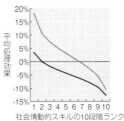

StatLink：http://dx.doi.org/10.1787/888933163774

注：10段階ランクの1と10の間の平均処理効果（ATE）の差は統計的に有意である。ATEは、韓国とノルウェーでは単科大学進学、スウェーデンでは総合大学進学、スイスでは高等教育修了による効果に基づいて計算されている。結果はOECDの縦断的分析に基づいている（コラム3.1）。認知的スキルは、14歳時の学力試験の点数と学業成績（韓国）、15〜19歳時の学力試験の点数、成績、自己評価による学力（ノルウェー）、第3学年での成績と教科・言語能力（スウェーデン）、15歳時のPISA読解力、数学的リテラシー、科学的リテラシーの点数（スイス）を尺度として推定した潜在的認知的スキル因子によって把握した。社会情動的スキルは、14歳時の「自己決定する自信がある」「問題に対処する自分の能力に自信がある」「自分の人生に責任を持つ能力があると信じている」を尺度として推定した潜在的な統制の所在因子（韓国）、15〜19歳時の自己満足感と自己への信頼を尺度として推定した潜在的自信因子（ノルウェー）、第3学年中の根気強さ（grit）、社会的不安、社会的協調性を尺度として推定した潜在的な社会情動的スキル因子（スウェーデン）、16歳時の自己満足感、承認、他の人と同程度によくできるという自信を尺度とする潜在的自尊感情因子（スイス）によって把握した。人生の満足度は、自己申告に基づき19歳時に人生に満足している確率（韓国）、自己申告に基づく25歳時に人生への積極的な姿勢を持つ確率（スイス）によって把握した。抑うつ（スイス）は、25歳時に抑うつ尺度（肯定的・否定的感情を尺度として構成）で上位4分の1に入る確率で把握した。大量アルコール摂取（ノルウェー）は、26〜31歳でアルコール障害分布の上位4分の1に入る確率で把握した。高所得（スウェーデン）は、30歳時の自己申告に基づく所得が上位4分の1に入る確率で把握した。

社会情動的スキルは個人が意図を行動に移す能力を向上させる

社会情動的スキルが多様な社会的成果に強い影響を与えるもうひとつの要因は、認知的スキルの「活性化」を助長することで、個人の社会経済的成果を伸ばすことにあると思われる。

このことを説明するために、図3.12では、スイスにおいて自尊感情の高い人と低い人（上位4分の1と下位4分の1）が軽い抑うつ症状を訴える可能性についてまとめている。自尊感情の高い人では、認知的スキルの上昇は、自己申告による抑うつを大きく減少させる可能性が高い（黒線）。他方で、自尊感情の低い人の場合、認知的スキルが上昇しても、同等の恩恵を得にくいようである。認知的スキルが高い人は、自分自身のことについて自覚し、抑うつ症状に対処する方略を得て、医師の助言から学べるのかもしれない。そして、自尊感情が

図3.12　認知的スキルが抑うつの可能性を減少させる影響は、自尊感情の高い人のほうが大きい

スイスにおいて、自尊感情が上位4分の1の人と下位4分の1の人が25歳時に抑うつ状態である（自己申告）確率（認知的スキルの10段階ランク別）

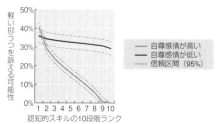

注：実線は、自己申告に基づいた25歳時での抑うつ尺度の最上位4分の1に入る確率、点線は2.5-97.5%信頼区間を示す。この結果はOECDの縦断的分析に基づいている（コラム3.1）。認知的スキルは、15歳時のPISA読解力、数学的リテラシー、科学的リテラシーの点数を尺度として推定した潜在的認知的スキル因子によって把握した。社会情動的スキルは、16歳時の自己満足感、「自分の長所を認める」「物事をうまくやる自信」の尺度を用いて推定した潜在的自尊感情因子によって把握した。抑うつは、自己申告と、25歳時に肯定的・否定的感情を尺度とする抑うつ尺度で上位4分の1に入った個人を特定することで把握した。

高い人は、意図を具体的な行動に移し、治療プログラムに参加することができるようである。

　カルネイロら（Carneiro, Crawford and Goodman, 2007）は、英国での縦断的研究に基づいて同様のエビデンスを提示している。彼らは、認知的スキルと16歳時点での喫煙および不登校との関係は、子どもの社会的スキルのレベルによって大きく異なることを示唆している。週に40本以上たばこを吸う確率は、社会的スキルのレベルが高い子どもでは、認知的スキルが上昇するにつれて下がる。しかし、社会的スキルが低い子どもの場合には、認知的スキルが上昇するにつれて喫煙が増えるといった結果が得られている。言い換えると、社会的スキルが高い子どもでは、認知的スキルが高いと多量喫煙の確率が下がるが、社会的スキルが低い子どもでは、認知的スキルが高いと多量喫煙の確率が上がるのである。認知的スキルと社会情動的スキルの間にみられるこうした複雑な交互作用は、非行への対応が容易でないことを意味している。社会経済的成果への影響を分析するには、多様なスキルを同時に考慮しなければならないのである。

第3章　人生の成功を助けるスキル

社会情動的スキルは、一般的に、スキルの分布全体にわたって、子どもの人生における成果を伸ばす

　社会情動的スキルは、子どものスキルが一定の閾値に達して初めて重要になるのだろうか。OECDの縦断的分析の結果は、社会経済的な成果に対して、平均的に高い利益をもたらす社会情動的スキルが、スキル分布全体にわたって重要であることを示唆している。社会情動的スキルへのさらなる投資から恩恵を得られるのは、一定のスキルレベル以上の子どもだけだ、とする閾値効果を示すエビデンスは限られている。本章で提示するさまざまな数値は、社会情動的スキルを向上させることによる利益が平均的に高いということだけでなく、分布全体で効果があることを示唆している。

社会情動的スキルは、恵まれない子どもたちの将来の展望を好転させる機会を提供する

　本章で提示している数値は、一般に、社会情動的スキル分布の下部にいる子どもたち（恵まれない生い立ちの子どもを含むであろう）にとっても社会情動的スキルが重要であることを示唆している。主に米国で行われた介入研究は、スキルへの投資が恵まれない人々に与えるプラスの効果のエビデンスを示している（第4章も参照）。OECDが委託した文献レビュー（Kautz *et al.*, 2014）は、社会情動的スキルの向上が、さまざまな労働市場や社会的成果において、恵まれない青少年の長期的な人生の展望を好転させうることを示唆している（結果の要約は表3.1、この介入の記述については表4.2とKautz *et al.*, 2014を参照）[5]。

　介入プログラムのいくつかは、教育と労働市場においては、短期的・中期的な成果が認められなかったが、その他の多くは犯罪や健康などの社会的成果に関しては多大な長期的成果を示した。

誠実性、社交性、情緒安定性は、選択された国々や文化全体において重要な社会情動的スキルである

　介入研究（表3.1）の結果と、OECDの縦断的研究のレビュー（表3.2）は、

95

社会情動的スキルが特に重要な役割を果たす領域を示している。それらは、目標の達成、他者との協働、感情のコントロールである。この領域では、誠実性（信頼できる、忍耐強い、頼りになる）、社交性、情緒安定性が、人生の成功において特に重要であることが実証されている。この結論は、先行研究（Almlund *et al.*, 2011 および Gutman and Schoon, 2013 による文献レビュー）とおおむね一致している。

表3.1　介入プログラムの多くは、目標を達成し、他者と協働し、感情をコントロールするといった子どもの能力を高めている

社会情動的スキルを必要とする課題	育てられる社会情動的スキル	成果		
		教育	労働市場	社会
目標の達成	誠実性	―	● 所得（Perry、STAR、Career academies、Year-up）	● 犯罪（Perry） ● 家族形成（Career academies）
	経験への開放性	―	● 雇用（ABC）	● 健康（ABC）
	自己効力感	● 学業成績（Seattle）	● 所得（Seattle）	● 健康（Seattle）
他者との協働	社会的スキル、コミュニケーションスキル、チームワークのスキル	● 学業成績（PTE） ● 成績評点（BAM、MLES）	● 所得（Perry、STAR、Year-up） ● 賃金（Dominican） ● 雇用（Dominican、MLES）	● 犯罪（Perry、MLES）
	調和性（外在化行動）	―	● 所得（Perry） ● 雇用（ABC）	● 犯罪（Perry） ● 健康（ABC）
感情のコントロール	情緒安定性（内在化行動）、自尊感情、衝動性のコントロール	● 学業成績（PTE）	● 所得（Jamaican、Perry） ● 賃金（Dominican） ● 雇用（ABC、Dominican）	● 犯罪（NFP、Perry） ● 健康（ABC）

注：提示されているのは、統計的に有意な結果である。ABC（アベセダリアン・プロジェクト）、Dominican（Dominican Youth Employment Program ドミニカ若年者雇用プログラム）、BAM（Becoming a Man）、MLES（Montreal Longitudinal Experimental Study）、NFP（Nurse-Family Partnership）、Perry（Perry pre-school program）、PTE（Pathways to Education）、Seattle（Seattle Social Development Project）、STAR（Project Star: Steps to Achieving Resilience）。

出典：Kautz, T. *et al.* (2014), "Fostering and Measuring Skills: Improving Cognitive and Non-cognitive Skills to Promote Lifetime Success", *OECD Education Working Papers*, No. 110, OECD Publishing, http://dx.doi.org/10.1787/5jxsr7vr78f7-en.

第3章　人生の成功を助けるスキル

表3.2　生涯の成功を推進する社会情動的スキルとは、個人が目標を達成し、他者と協働し、感情をコントロールする能力を高めるスキルである

社会情動的スキルを必要とする課題	社会情動的スキル	ベルギー	カナダ	スイス	英国	韓国	ノルウェー	ニュージーランド	スウェーデン	米国
目標の達成	責任感	○				●		○		○
	粘り強さ、忍耐力	○		●		●		○	○	
	統制の所在、自己効力感			●		●	●			
他者との協働	外向性、社交性	○					●	○		
	適応能力								○	
感情のコントロール	反応性、気分									○
	自信			○			●			
	自尊感情			○	○	○				○

注：この表はOECDの縦断的分析から得た実証的結果に基づいている（コラム3.1）。ここでは、個人のスキル10段階ランクを最低から最高へと上げることにより、少なくとも1つの社会経済的成果について、5パーセントポイント以上の統計的に有意な改善がみられた社会情動的スキルを提示している。社会経済的成果への潜在的な社会情動的スキル構成概念による影響について、複数のスキル尺度によって直接評価された場合には、セルに●を記入している。上位の社会情動的スキルの構成概念により間接的に評価された結果については、セルに○を記入している。この上位の潜在的な構成概念は、複数の社会情動的スキル尺度で構成されているが、潜在的な社会情動的スキル構成概念に対応する尺度を1つ含んでいる。

すべての社会情動的スキルがプラスの効果をもたらすわけではない

　これまでの部分では、社会情動的スキルのプラスの効果に注目したが、すべての社会情動的スキルが、すべての成果についてプラスの影響を及ぼすわけではないことに留意したい。本章に提示した数値の一部は、社会情動的スキルの向上が、特定の成果を伸ばしうる一方で、他の成果については、マイナスの効果をもたらす可能性についても示唆している。たとえば、スイスの子どもたちの粘り強さは、人生への姿勢を改善するうえで、大きなプラスの効果があるが（図3.9パネルC）、警察沙汰や学校での非行などの素行問題を増大させることにも関連している（図3.6パネルC）。これは、実証的結果を慎重にとらえることの重要性を強調するものである。特定のスキルの向上が、あらゆる社会経済的成果を改善する効果を必ずしも持つというわけではない。個人の行動と成果は、特定の社会情動的スキルのみによって決定されるのではなく、状況に応じて、そのスキルを効果的に使う（あるいは、使わない）能力にもよるところで

ある。もし、この能力を別のタイプの社会情動的スキルとしてとらえるとすれば、こうした能力を測定し、これらすべての社会情動的スキルの組み合わせによって、個人が多様な生活の場面で、一貫して適切に行動できるのかどうかを評価することは、有益であると思われる。

結　論

OECDの縦断的分析と実証的文献が示すエビデンスは、社会情動的スキルが、認知的スキルとともに、子どもが人生において成功するために重要な役割を果たすことを示唆している。社会情動的スキルは、社会的成果の向上において特に効果的であり、認知的スキルは、高等教育や労働市場での成果に関して特に重要である（表3.3）。さらに、認知的スキルと社会情動的スキルは相互に作用し合って、子どもがプラスの成果を達成する力をもたらす。

表3.3　認知的スキルと社会情動的スキルは子どもの人生の成功に貢献する

	スキルがもたらす利益		
	教育	労働市場	社会
認知的スキル	高い	高い	中程度
社会情動的スキル	低い〜中程度	中程度	高い

注：この表は、本章に記載した結果に基づいて作成した（図3.1〜図3.10、表3.1、表3.2を含む）。

この研究で用いた縦断的データセットでは、スキル、成果、統制尺度、測定した年齢がそれぞれ異なることを繰り返し述べておく。このような違いがあるにもかかわらず、到達した結論は、これらの国々全体において、際立った一貫性を示している。ただし、成果に対する認知的スキルと社会情動的スキルの影響は、国によって大きく異なっている。たとえば、子どもの認知的スキルレベルの向上は、英国では思春期の問題行動の軽減に役立っているが、スイスでは問題行動を増加させることが指摘されている。ある文化においては特に効果的であっても、他の文化では効果的でないスキルがあると思われる。

第3章　人生の成功を助けるスキル

　社会情動的スキルが持つ長所は、個人の行動と生活習慣を形成したり、高等
教育への進学によってさらなる利益を得たり、認知的能力をうまく活用したり
する能力からも生じると思われる。社会情動的スキルは、たいていの場合、ス
キル全般を通してどんな人にとっても有益であるが、これらのスキルを向上さ
せる介入は、恵まれない人々においては特に効果的である。これは、社会経済
的な不平等を解消するための方略として大きな意味を持つであろう。測定、検
証されたさまざまな社会情動的スキルのなかでも、誠実性、社交性、情緒安定
性は、子どもたちにとって、将来の労働市場や社会的展望に影響を及ぼす重要
なスキルである。

　OECDの縦断的分析で用いた認知的スキルの評価尺度は、学生、学校、教育
制度ごとに、教育的成功の基準として、通常用いられてきたスキルをとらえて
いるようである（学力試験、成績、読み書き能力試験等）。ここに提示したエ
ビデンスは、これらの評価尺度が、子どもたちの教育や労働市場での成果にと
って特に重要であるため、今後も、主要な評価尺度として残していくべきであ
ることを示唆している。しかしながら、もっと注目に値する重要なスキルもあ
る。本章で示した分析結果は、社会情動的スキルの一部であったとしても、子
どもの将来における多様な成果を予測しうることを示している。学業成績や学
力試験とは異なり、このようなスキルは、教育と学習を改善するために、常に
定期的に測定されるものでも、教師や親に報告されているものでもない。社会
情動的スキルのすべてが、成果向上につながるわけではないが、個人のウェル
ビーングと社会的進歩において、多様な評価尺度の向上に関心のある政策立案
者は、こうしたスキル発達の活用を考慮するかもしれない。

注

1.　ここでの関心はスキルの因果的効果の確認にあるので、本章に記載したエビデン
　スは、シミュレーションしたり（ノルウェーの場合）、あるいは適切な統制群と介
　入群を特定したりすることによって（介入プログラムの場合）、仮説を立てること
　のできるものに限られている。

99

2. 社会情動的スキルが社会経済的成果にもたらす影響の程度をよりよく理解するために、その効果を認知的スキルの効果から実証的に切り離している。これは必ずしも2つのスキルの構成概念を対比するためではない。2つのスキルは実際には、意味深い形で相互に影響し合っている（第2章、第4章）。ほかの実証的分析の場合と同様に、スキルがもたらす利益の推定は、尺度に依存している。利益のなかには統計的に有意でないものもあり、尺度にノイズが多いために小さくなっているものもある。多くの縦断的研究は、成果に影響すると仮定できる重要な社会情動的因子を推定していない。それでもなお、社会情動的スキルの1つの側面だけでも（自信など）子どもの社会経済的成果の評価に大きく影響することを示せたのは、これらの研究の重要な成果である。もし、主要な社会情動的スキルに関する一連の尺度を利用できたなら、これらの尺度を組み合わせることによる説明力は、重要なインパクトを持ちうるだろう。

3. 使用した統制変数は以下のとおり。ベルギー（フランドル地域）：性別、親の学歴、世帯収入、国籍、兄弟姉妹の有無、生年月、核家族であるかどうか。カナダ：性別、親の学歴、家計所得、財産、兄弟姉妹数、居住地域、ヴィジブル・マイノリティ、移民であるかどうか。ニュージーランド：性別、親の学歴。ノルウェー：年齢、性別、親の学歴、親の職業、兄弟姉妹数、親との同居。韓国：年齢、性別、親の学歴、親の所得、兄弟姉妹数、親との同居、都市部に居住しているかどうか。スウェーデン：年齢、性別、親の学歴、両親との同居、住居の種類。スイス：性別、親の学歴、親との同居、ドイツ語地域で生活、都市部に居住しているかどうか。英国：年齢、性別、所得。米国：性別、人種、親の学歴、母親の雇用状況、社会経済的地位（貧困、昼食の削減）、障害の有無、親の数、生物学上の両親、宗教。

4. 統制の所在は、自己評価の中核をなす一側面であり、自分の将来に対して、自分の行動がどのくらい影響すると信じているかを示す（Rotter, 1966）。換言すれば、統制の所在のレベルが高いほど、将来を決めるのは運よりも自分の行動であると考える傾向が強い。アブラムソンら（Abramson, Seligman and Teasdale, 1978）は、統制の所在をポジティブであるかどうかに関連づけるとともに、ネガティブな出来事に対処する方法に結びつけた。ポジティブな人は、ネガティブな出来事を、短期的で特定の理由によるものととらえ、自分の力で修正したり、克服できると考える（Tough, 2012）。ネガティブな人は、悪い出来事を自分では制御できない長期的な理由によるものと考えるが、ポジティブな人は、ネガティブな人よりも統制の所在が内的であり、自分の力で制御できると考える（Seligman, 1991）。

5. 教育、労働市場、社会的成果に対する利益は、一般的に複数の目的を持つ介入における他の機能によってもたらされたとも考えられる。たとえば、家庭の貧困削

減、家族の健康改善、子どものIQ向上などである。加えて、表3.1に記載した介入プログラムの一部では、社会情動的スキルを向上させるように設計されていたが、それらのスキルについて必ずしも検証してはいない。プログラム成功に関する最終的な基準が、貧困削減など他の指標であったためである。そうした介入プログラムは、問題となる社会情動的スキルを向上させ、それがプログラム参加者の成果になんらかの影響を与えたと考えられた。

参考文献・資料

Abramson, L.Y., M.E.P. Seligman and J.D. Teasdale（1978）, "Learned helplessness in humans: Critique and reformulation", *Journal of Abnormal Psychology*, Vol. 87, No. 1, pp. 49-74.

Almlund, M. *et al.*（2011）, "Personality psychology and economics", *Handbook of the Economics of Education*, Vol. 4, pp. 1-181.

Carneiro, P., C. Crawford and A. Goodman（2007）, *The Impact of Early Cognitive and Non-Cognitive Skills on Later Outcomes*, Centre for the Economics of Education, London School of Economics, London.

Cunha, F. and J.J. Heckman（2008）, "Formulating, identifying and estimating the technology of cognitive and noncognitive skill formation", *Journal of Human Resources*, Vol. 43, No. 4, pp. 738-782.

Cunha, F., J.J. Heckman and S. Schennach（2012）, "Estimating the technology of cognitive and noncognitive skill formation", *Econometrica*, Vol. 78（3）, pp. 883-931.

Gutman, L.M. and I. Schoon（2013）, *The Impact of Non-Cognitive Skills on Outcomes for Young People. Literature Review*, Institute of Education, University of London, London.

Heckman, J.J., J.E. Humphries and G. Veramendi（2014）, "Education, health and wages", *NBER Working Paper*, No. 19971.

Heckman, J.J. and T. Kautz（2012）, "Hard evidence on soft skills", *Labour Economics*, Vol. 19（4）, pp. 451-464.

Heckman, J.J., J Stixrud and S. Urzua（2006）, "The effects of cognitive and noncognitive abilities on labor market outcomes and social behavior", *Journal of Labor Economics*, Vol. 24（3）, pp. 411-482.

Kautz, T. *et al.*（2014）, "Fostering and Measuring Skills: Improving Cognitive and Non-cognitive Skills to Promote Lifetime Success", *OECD Education Working Papers*, No. 110, OECD Publishing, http://dx.doi.org/10.1787/5jxsr7vr78f7-en.

OECD (2010), *Obesity and the Economics of Intervention: Fit Not Fat*, OECD Publishing, Paris, http://dx.doi.org/10.1787/9789264084865-en.

Rotter, J.B. (1966), "Generalized expectancies for internal versus external control of reinforcement", *Psychological Monographs: General & Applied*, 80 (1)1966, pp. 1-28.

Sarzosa, M. and S. Urzua (2014), "Implementing factor models for unobserved heterogeneity in stata: The heterofactor command", mimeo, University of Maryland, pp. 1-26.

Sarzosa, M. and S. Urzua (2013), "Bullying and cyberbullying in teenagers: The role of cognitive and non-cognitive skills", mimeo, University of Maryland.

Seligman, M. (1991), *Learned Optimism: How to Change Your Mind and Your Life*, Alfred A. Knopf, New York, NY.

Tough, P. (2012), *How Children Succeed: Grit, Curiosity, and the Hidden Power of Character*, Houghton Mifflin Harcourt, New York, NY.（『成功する子失敗する子：何が「その後の人生」を決めるのか』ポール・タフ著、高山真由美訳、英治出版、2013年）

Urzua, S. and G. Veramendi (2012), "Empirical strategies to identify the determinants and consequences of skills", mimeo, University of Maryland.

第4章

スキル形成を促進する学習環境

　本章では、スキル発達の過程がどのように展開するのかについて説明し、「スキルがスキルを生む」発達過程の成功例に関係する要素を浮き彫りにしている。社会情動的スキルがスキル形成においてきわめて重要な役割を果たすのは、社会情動的スキルがそれ自体の将来の発達だけでなく、認知的スキルの発達も促すためである。親の関わりと愛情は子どもの早期の社会情動的スキルに大きな影響を与える。学校のプログラムも、メンタリングによる教師と子どもの集中的な交流を促進することによってその役割を果たしている。学校で社会情動的スキルを向上させることを目的に特別に計画されたプログラムでは、短期間においてはプラスの結果が示されてきたが、長期間になると厳密な評価が得られることはきわめて少ない。その稀少な例として、主に恵まれない条件におかれた子どもたちを対象としたプログラムがあるが、そこでは社会情動的スキルの向上に対して長期的に影響を与えることが示されている。幼児期の介入プログラムの成功例では、子どもと親を直接的に関与させ、親の訓練、カウンセリング、メンタリングを含む傾向がある。年齢が高い子どもを対象としたプログラムの成功例では教師の訓練、青年期後半の若者を対象としたプログラムの成功例では、メンタリングと職場での実践的な学習に重点を置いている。

社会情動的な発達の過程

スキル発達における最も顕著な特徴は、「スキルがスキルを生む」ということである

　スキルの発達は、雪玉を作ることに似ている。子どもが一握りの雪を集めて、地面の上でそれを転がし始める。それはだんだんと大きくなり、雪玉が大きくなればなるほど、大きくなるスピードも速くなる。もし青年期が終わるまでに相当な大きさの雪玉にするつもりなら、子どもたちは早いうちに小さくしっかりした雪玉から始める必要がある。雪が雪を集めるように、スキルはスキルを生み出す。図4.1はこの点を図に示したものである。

図4.1　スキルがスキルを生み出す

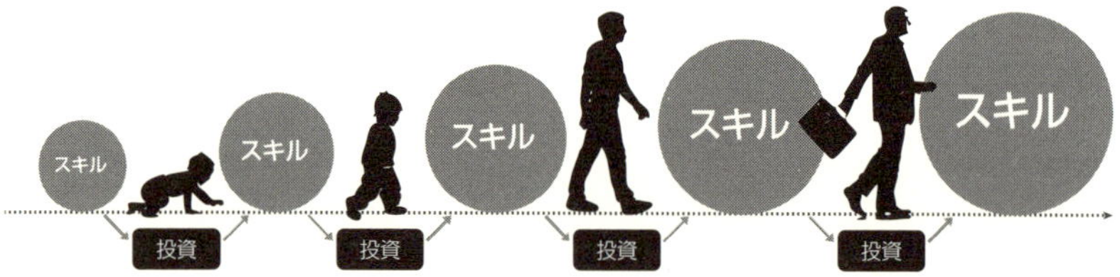

今スキルを向上させることが、将来さらに多くのスキルを発達させる

　本章では、スキルが長期にわたりどのように段階的に発達するかを説明する動的要因モデルに基づいたエビデンスを用いることにより、前章で示した分析を発展させる。図4.2は、韓国における14歳時のスキルレベル別に、14歳時のスキル増加により促進された15歳時のスキルの増加量のシミュレーションを示したものである。さまざまなスキルレベルで始まった子どもたちが次の期間で獲得したスキル量の違いをスキル10段階ランク別に示している。14歳時の社会情動的スキル（この場合、子どもの責任感、統制の所在（locus of

第4章　スキル形成を促進する学習環境

図4.2　今スキルを向上させることが、将来さらに多くのスキルを発達させる（韓国）

パネルA　14歳時の認知的スキルと社会情動的スキルの増加が14～15歳の間の認知的スキルの変化に与える限界効果（スキル10段階ランク別）

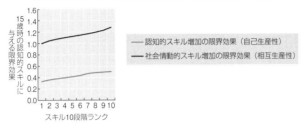

パネルB　14歳時の認知的スキルと社会情動的スキルの増加が14～15歳の間の社会情動的スキルの変化に与える限界効果（スキル10段階ランク別）

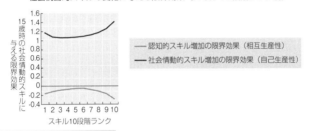

StatLink : http://dx.doi.org/10.1787/888933163793

注：結果はOECDの縦断的分析（コラム3.1）に基づいている。社会情動的スキルは、14歳時の責任感および統制の所在を尺度として用いて推定した潜在的社会情動的スキル因子によって把握した。認知的スキルは、14歳時の学力試験点数および学業成績を尺度として用いて推定した潜在的認知的スキル因子により把握され、潜在的な社会情動的スキル因子を条件づけている。経験的モデルでは、学力試験点数および学業成績という尺度は潜在的認知的スキルおよび社会情動的スキルの関数であると仮定している。投資は、（認知的スキルのために）民間の教育に投資した経済的資源および時間の尺度、および（社会情動的スキルのための）親の関わりと調和の尺度を用いて推定される潜在的投資因子によって把握した。

control)、自尊感情）の向上が15歳時の社会情動的スキルに与える影響は、14歳時の社会情動的スキルのレベルにしたがって増加している（パネルBの黒線）。さらに、14歳時の社会情動的スキルの向上が、15歳時の認知的スキル（到達度テストと成績によって示される）に与える影響もまた、14歳時の社会情動的スキルのレベルにしたがって増加している（パネルAの黒線）。また、図4.2は14歳時の認知的スキルの増加が15歳時の認知的スキルに与える影響は14歳時の認知的スキルレベルに伴って増加するが、その割合は緩やかであることを示している（パネルAのグレーの線）。このことから、今後の認知的スキルの発達において、現在の認知的スキルレベルよりも現在の社会情動的スキルのレ

105

ベルのほうがより重要であることがわかる。自信と責任感を持ち、自分には将来に影響を与える能力があると信じている子どもは、すでに成績の良い子どもよりも高い学業成績を収める可能性がある。

米国の研究でも同様の結果が示されている。子どもの頃の認知的スキルと社会情動的スキルのレベルは、その将来的な発達に大きな影響を与える（Cunha and Heckman, 2008; Cunha, Heckman and Schennach, 2012）。さらに、こうした研究では過去の社会情動的スキルは認知的スキルの発達に重要な役割を果たしているが、過去の認知的スキルは将来の社会情動的スキルに限られた影響しか与えていないことが実証されている。高いレベルの社会情動的スキル（すなわち上述の研究結果の場合では、冷静、礼儀正しい、情緒が安定している）を身につけた子どもは、学力試験で良い成績をあげる能力が発達する可能性が高い。PISA2012年調査による最近のエビデンスも、こうした研究結果に一致するものである。生徒の学校への関わり、自分が高いレベルを達成できると信じること、自分の目標を達成するためになすべきことを行う能力と意欲は、教科を習得する生徒の能力を形成するうえで中心的な役割を果たし、認知面の習熟度を伸ばすのである（OECD, 2013a）。

要するに、現在スキルを増やすことが、将来さらに多くのスキルを獲得することを可能にするのである。このことはまた、スキルの不平等は時間を経るにつれ徐々に拡大する可能性があり、子どもの人生の早期にスキル不足に対応することが重要であることを示している。韓国と米国のエビデンスは、不利な条件の子どもたち（つまり、幼少期のスキルのレベルが低い傾向にある子どもたち）の社会情動的スキルへの早期の投資は、そうした子どもたちが認知的スキルと社会情動的スキルを十分なレベルまで蓄積するのに重要であることを示唆している。そうでなければ、スキルの不平等が進んだ場合に、社会がその不平等を是正する必要がある。

第4章　スキル形成を促進する学習環境

「スキルがスキルを生む」ということは、スキルには蓄積性があること、そして身につけたスキルのレベルが高いほど、より多い学習への投資を受ける傾向があることから説明できる

　なぜ「スキルがスキルを生む」のかを説明する方法はいくつかある。第一に、スキルは人的資本の重要な要素である。スキルは蓄積する性質があり、時間を経てからも必ずしも消失するものではない。過去に蓄積したスキルのレベルが高い人ほど、将来さらに高いレベルのスキルを身につける傾向がある。図4.3は、韓国において認知的スキルと社会情動的スキルの現在（14歳時）のレベルから将来（15歳時）のスキルレベルを推定することによってこの点を例証するものである。パネルＡは、現在の認知的スキルの10段階ランクが高いほど、将来の認知的スキルのレベルが高くなることを示している。さらに、現在、社会情動的スキルを多く身につけている人ほど将来の認知的スキルが向上する傾向にある。認知的スキルが10段階ランクで第5段階に属する子どもにおいて、社会情動的スキルが最低から最高へと増加すると、将来の認知的スキルが1標準偏差分増加することになる。パネルＢは、社会情動的スキルの10段階ランクが高いほど、将来の社会情動的スキルの10段階ランクも高くなることを示している。しかし、現在の認知的スキルの10段階ランクは将来の社会情動的スキルの10段階ランクに影響していないように考えられる。

　「スキルがスキルを生む」の理由としてもうひとつ考えられることは、高いレベルのスキルを身につけている子どもほど、学習への投資をより多く受ける可能性が高いことである。親は、子どもがスキル発達に期待できる進歩をみせればさらに投資をするかもしれず、また教師は、学ぶ意欲の高い生徒への支援により多くの時間と労力を費やすかもしれない。あるいは、意欲が高く成績の良い子どもたちは、そうでない子どもたちよりも多くの新たな学習機会を得ようとする可能性が高い。表4.1は、子どものスキル上昇のレベルが今後のさらなるスキル発達のために受ける投資の変化に与える影響を示している。社会情動的スキルのレベルが高い子どもほど、認知的スキルと社会情動的スキルの両方のさらなる発達のための投資をより多く受ける傾向がある。責任感、統制の

107

図4.3　社会情動的スキルは、社会情動的スキルだけでなく認知的スキルの蓄積も促進する（韓国）

パネルA　14歳時の認知的スキルと社会情動的スキルの関数としての15歳時の認知的スキル

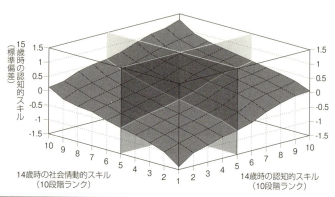

StatLink : http://dx.doi.org/10.1787/888933163804

注：結果は韓国におけるOECDの縦断的分析（コラム3.1）に基づいている。社会情動的スキルは、14歳時の責任感、統制の所在、自尊感情を尺度として用いて推定した潜在的な社会情動的スキル因子によって把握した。認知的スキルは、14歳時の学力試験点数および学業成績を尺度として用いて推定した潜在的認知的スキル因子により把握され、潜在的な社会情動的スキル因子を条件づけている。経験的モデルでは、学力試験点数および学業成績という尺度は潜在的認知的スキルおよび社会情動的スキルの関数であると仮定している。投資は、（認知的スキルのために）民間の教育に投資した経済的資源および時間の尺度、および（社会情動的スキルのための）親の関わりと調和の尺度を用いて推定される潜在的投資因子によって把握した。

パネルB　14歳時の認知的スキルと社会情動的スキルの関数としての15歳時の社会情動的スキル

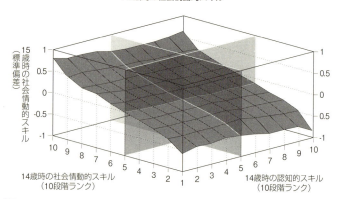

注：結果は韓国におけるOECDの縦断的分析（コラム3.1）に基づいている。社会情動的スキルは、14歳時の責任感、統制の所在、自尊感情を尺度として用いて推定した潜在的な社会情動的スキル因子によって把握した。認知的スキルは、14歳時の学力試験点数および学業成績を尺度として用いて推定した潜在的認知的スキル因子により把握され、潜在的な社会情動的スキル因子を条件づけている。経験的モデルでは、学力試験点数および学業成績という尺度は潜在的認知的スキルおよび社会情動的スキルの関数であると仮定している。投資は、（認知的スキルのために）民間の教育に投資した経済的資源および時間の尺度、および（社会情動的スキルのための）親の関わりと調和の尺度を用いて推定される潜在的投資因子によって把握した。

第4章　スキル形成を促進する学習環境

表4.1　高いレベルの社会情動的スキルを身につけている子どもほど、認知的スキルおよび社会情動的スキルにおいてより多くの新たな投資を受ける（韓国）

	社会情動的スキルにおける 新たな投資	認知的スキルにおける 新たな投資
社会情動的スキルの増加	増加	増加
認知的スキルの増加	減少	減少

注：結果は韓国におけるOECDの縦断的分析（コラム3.1）に基づいている。過去のスキルが投資に与える影響は有意水準5％で統計的に有意である。社会情動的スキルは、14歳時の責任感、統制の所在、自尊感情を尺度として用いて推定した潜在的な社会情動的スキル因子によって把握した。認知的スキルは、14歳時の学力試験点数および学業成績を尺度として用いて推定した潜在的認知的スキル因子により把握され、潜在的な社会情動的スキル因子を条件づけている。経験的モデルでは、学力試験点数および学業成績という尺度は潜在的認知的スキルおよび社会情動的スキルの関数であると仮定している。投資は、（認知的スキルのために）民間の教育に投資した経済的資源および時間の尺度、および（社会情動的スキルのための）親の関わりと調和の尺度を用いて推定される潜在的投資因子によって把握した。

所在、自尊感情を強く示している韓国の子どもたちほど、認知的スキルや社会情動的スキルを高めるためのより良い学習条件を経験する傾向がある。しかし、これは認知的スキルにはあてはまらない。韓国の親は、社会情動的スキルと認知的スキルについて、より多くの投資をすることにより、子どもの認知的スキルの不足を埋め合わせようとするのかもしれない。

　研究文献でも、社会情動的スキルが高いほどより多くの学習への投資につながることが示されている。たとえば、スキナーとベルモント（Skinner and Belmont, 1993）は、強い意欲と取り組みの姿勢をみせる生徒は教師からの関わりと支援をより多く受ける傾向があることを示している。また、社会経済的背景が高い家族の子どもほど、社会情動的スキルのレベルが高い傾向にあることを示すエビデンスもある（家庭の社会経済状況と生徒の取り組む姿勢、やる気、意欲との間には正の関係があることを示すエビデンスについては、OECD（2013a）を参照）。このような家族は子どもにより質の高い学習環境と高水準の投資を提供できることから、高いレベルの社会情動的スキルを身につけた子どもほど高いレベルの学習への投資を受ける可能性が高い。たとえば、ハートとリスリー（Hart and Risley, 1995）は、社会経済的地位のレベルが高い家庭は、それほど裕福でない家庭と比べた場合、家族が子どもとより多く会話をしている傾向があることを示すエビデンスを提示している。

109

「スキルがスキルを生む」ということは、高いレベルのスキルを身につけた子どもほどスキルへの新たな投資からより多くの利益を得るという事実からも説明できる

　「スキルがスキルを生む」ということの背景にあるもうひとつ重要な推進力として、多くのスキルを身につけた子どもは、介入プログラムのような所与の学習環境または投資から利益を得る能力も高いということが考えられる。成績の良い子どもは、数学や言語のスキルをさらに向上させるカリキュラムから学ぶのがより得意である傾向にある。また、意欲の高い子どもは刺激的な学習活動を経験するとより一層意欲が高まる可能性が高い。

　OECDの韓国における縦断的分析はこの問題も明らかにしている。図4.4は、投資による認知的スキルと社会情動的スキル発達の生産性がスキルのレベルによってどのように変化するかを示すものである。認知的スキルにおける投資は、民間の教育における親の投資の尺度によって捉えられ、社会情動的スキルにおける投資は、親の関わりと調和の尺度によって捉えられる。14歳から15歳の間のスキルの増加について、14歳時のスキル因子および投資の生産性を用いてモデル化したところ、社会情動的スキルのレベルが高いほど認知的スキルと社会情動的スキル両方の発達における投資の生産性が高くなることが明らかになった。

　図4.4（パネルA）は、韓国において、社会情動的スキルが最高レベル（10段階ランクで第10段階）の子どもは、社会情動的スキルが最低レベルの子ども（10段階ランクで第1段階）に比べ、将来の認知的スキル形成において生産性が7〜8パーセントポイント高いことを示している。さらに、図4.4（パネルB）は、社会情動的スキルが最高レベルの子どもは社会情動的スキルが最低レベルの子どもに比べ、社会情動的スキル形成における生産性が7〜50パーセントポイント高いことを示している。社会情動的スキル習得への投資が子どもの将来の社会情動的スキルに与える影響は、概して認知的スキルの10段階ランクが低い子どもたちに対して一層大きくなる。このことは、社会情動的スキルが認知的能力に恵まれない不利な子どもたちに対する特に重要な政策手段に

110

第4章　スキル形成を促進する学習環境

図4.4 高いレベルの社会情動的スキルを身につけた子どもほど、新たな学習への投資からより多くの利益を得て、社会情動的スキルと同様に認知的スキルをさらに発達させる（韓国）

パネルA　14～15歳の間の認知的スキルにおける変化に対して、14歳時に行った学習への投資の増加の限界効果（スキル10段階ランク別）

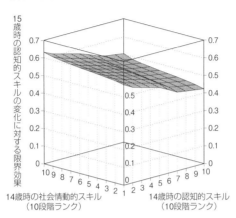

StatLink : http://dx.doi.org/10.1787/888933163819

注：結果は韓国におけるOECDの縦断的分析（コラム3.1）に基づいている。社会情動的スキルは、14歳時の責任感、統制の所在、自尊感情を尺度として用いて推定した潜在的な社会情動的スキル因子によって把握した。認知的スキルは、14歳時の学力試験点数および学業成績を尺度として用いて推定した潜在的認知的スキル因子により把握され、潜在的な社会情動的スキル因子を条件づけている。経験的モデルでは、学力試験点数および学業成績という尺度は潜在的認知的スキルおよび社会情動的スキルの関数であると仮定している。投資は、（認知的スキルのために）民間の教育に投資した経済的資源および時間の尺度、および（社会情動的スキルのための）親の関わりと調和の尺度を用いて推定される潜在的投資因子によって把握した。

パネルB　14～15歳の間の社会情動的スキルにおける変化に対して、14歳時に行った学習への投資の増加の限界効果（スキル10段階ランク別）

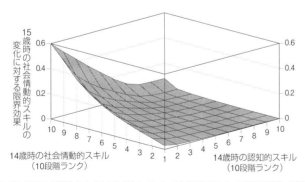

注：結果は韓国におけるOECDの縦断的分析（コラム3.1）に基づいている。社会情動的スキルは、14歳時の責任感、統制の所在、自尊感情を尺度として用いて推定した潜在的な社会情動的スキル因子によって把握した。認知的スキルは、14歳時の学力試験点数および学業成績を尺度として用いて推定した潜在的認知的スキル因子により把握され、潜在的な社会情動的スキル因子を条件づけている。経験的モデルでは、学力試験点数および学業成績という尺度は潜在的認知的スキルおよび社会情動的スキルの関数であると仮定している。投資は、（認知的スキルのために）民間の教育に投資した経済的資源および時間の尺度、および（社会情動的スキルのための）親の関わりと調和の尺度を用いて推定される潜在的投資因子によって把握した。

図4.5　現在のスキルへの投資が将来のスキル投資の利益を増加させる（韓国）

パネルA　15～16歳の認知的スキルについて、14歳時に行った（認知的スキルに対する）学習への投資増加が15歳時に行った（認知的スキルに対する）学習への投資への利益変化に与える限界効果（スキル10段階ランク別）

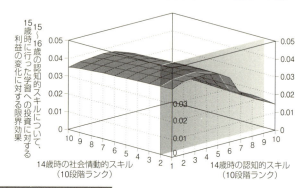

StatLink : http://dx.doi.org/10.1787/888933163821

注：結果は韓国におけるOECDの縦断的分析（コラム3.1）に基づいている。社会情動的スキルは、14歳時の責任感、統制の所在、自尊感情を尺度として用いて推定した潜在的な社会情動的スキル因子によって把握した。認知的スキルは、14歳時の学力試験点数および学業成績を尺度として用いて推定した潜在的認知的スキル因子により把握され、潜在的な社会情動的スキル因子を条件づけしている。経験的モデルでは、学力試験点数および学業成績という尺度は潜在的認知的スキルおよび社会情動的スキルの関数であると仮定している。投資は、（認知的スキルのために）民間の教育に投資した経済的資源および時間の尺度、および（社会情動的スキルのための）親の関わりと調和の尺度を用いて推定される潜在的投資因子によって把握した。

パネルB　15～16歳の社会情動的スキルについて、14歳時に行った（社会情動的スキルに対する）学習への投資増加が15歳時に行った（社会情動的スキルに対する）学習への投資への利益変化に与える限界効果（スキル10段階ランク別）

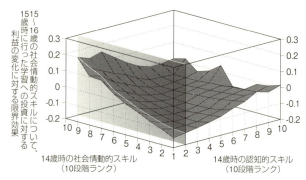

注：結果は韓国におけるOECDの縦断的分析（コラム3.1）に基づいている。社会情動的スキルは、14歳時の責任感、統制の所在、自尊感情を尺度として用いて推定した潜在的な社会情動的スキル因子によって把握した。認知的スキルは、14歳時の学力試験点数および学業成績を尺度として用いて推定した潜在的認知的スキル因子により把握され、潜在的な社会情動的スキル因子を条件づけしている。経験的モデルでは、学力試験点数および学業成績という尺度は潜在的認知的スキルおよび社会情動的スキルの関数であると仮定している。投資は、（認知的スキルのために）民間の教育に投資した経済的資源および時間の尺度、および（社会情動的スキルのための）親の関わりと調和の尺度を用いて推定される潜在的投資因子によって把握した。

なりうることを意味している。こうした変化は、長期的に継続し、着実に増加する利益をもたらしうるものである（以下の議論と図4.5を参照）。またこの結果は、投資によるスキル発達の生産性にはスキルが大きなプラスの影響を及ぼしていることを示した米国のエビデンスと一致するものである（Cunha and Heckman, 2008; Cunha, Heckman and Schennach, 2012）。

　つまり、現時点で社会情動的スキルをより多く身につけているほど、子どもたちは将来の学習環境や介入プログラムからより多くの利益を得やすくなるのである。子どもたちはこうした投資を利用して、社会情動的スキルだけでなく、認知的スキルも向上させることができる。

子どものスキルに対して早期に十分な投資を行うことは、生涯にわたる成功にとって重要である

　子どもの社会情動的スキルのレベルが、社会情動的スキルだけでなく認知的スキルにおける将来の投資の生産性にも影響を与えるとすると、社会情動的スキルにおける投資はどの時点で行われてもスキルにおける将来の投資全体の生産性に影響することは間違いない。したがって、早期に投資することは、子どもが長い期間にわたってより大きな利益を得ることを可能にするはずである。

　図4.5は、14歳時の投資がその後の投資に対する利益に与える影響を示すことにより、この点を明らかにするものである。これは韓国におけるOECDの縦断的分析に基づき、15歳から16歳の間で検討した結果である。パネルAは、14歳時のスキルのレベルにかかわらず、14歳時の認知的スキルへの投資は認知的スキルにおける将来の投資の影響を大きくしていることを示している。プラスの関係は、0.01〜0.04の範囲でのプラスの推定値からみることができる。ここで留意すべきことは、認知的スキルのレベルが高くなるのにつれて利益が減少していることである。これは認知的スキルのレベルが低い子どもはさらなるスキル強化に関して、認知的スキルにおける投資からより多くを得ることを示唆するものである。しかし、パネルBは、14歳時に社会情動的スキルにおける追加的投資をしても、最初に社会情動的スキルのレベルが高かった子ども

113

の社会情動的スキルにおける将来の投資生産性しか向上させないことを示している。したがって、韓国の例は、子どもたちが将来の投資から利益を得るには、青年期の早期までに（認知的スキルと同様に）社会情動的スキルにおける投資を十分に行うことが重要であることを指摘するものである。経済学の文献ではこの現象を「ダイナミックな補完性」と呼んでいる。クーニャとヘックマン（Cunha and Heckman, 2008）、クーニャら（Cunha, Heckman and Schennach, 2012）は、ダイナミックな補完性は米国でも有効であることを示唆している。早期介入に関する文献によるエビデンスは、アベセダリアン・プロジェクト（Abecedarian）やペリー就学前プロジェクト（Perry Preschool）のようなプログラムが提供する幼少期における投資は、学校での学習効率を向上させ、初期投資から何年も経過した後の行動に関する問題を減少させたことを示している（Heckman, 2008）。

認知的スキルについては早期の投資が特に重要であるが、社会情動的スキルについても幼児期から青年期早期まで効果的に育成される

　早期の投資は、一般的により高く長期的な利益をもたらすが、政策的介入の最適なタイミングに結論を下す前に、早期のスキル投資とより後のスキル投資の相対的な生産性の違い、およびそれに関連するコストについて慎重に検討する必要がある（Shonkoff and Phillips, 2000）。認知的スキルに関しては、神経科学における知見を含むエビデンスが全体的な認知的スキル向上における早期投資の重要性を示している。しかし、社会情動的スキルにおける投資の最適なタイミングについてのエビデンスは限られている。クーニャら（Cunha, Heckman and Schennach, 2012）の研究は、この点を明らかにする数少ない研究のひとつである。彼らは、過去の期間から引き継いだ低レベルのスキルを現在の投資のレベルで補完することがどのくらい容易であるかを尺度を用いて比較している。彼らは、米国の縦断的データを用い、認知的スキルへの早期投資（0～6歳）の欠如を新たな投資で補完することが困難である一方、早期の不足を補完するための社会情動的スキルへの後からの投資（7～14歳）は不可能で

114

第4章　スキル形成を促進する学習環境

はないことを示している。

　本章は主に、韓国におけるOECDの縦断的分析による結果のほか、この問題についての非常に少ない既存のエビデンスに基づくものである。スキル形成のダイナミクスを評価する実証的研究が少ないのは、こうした分析に利用できる有益なマイクロレベルの縦断的データが限られているためである。各国のスキル、学習環境、成果に関する縦断的データの新たな開発が求められる。第6章では、今後のこうしたデータ収集のためのOECDの提案について紹介する。

社会情動的発達を促進する学習環境

　学習は、家庭、学校、地域社会などさまざまな状況のなかで行われる。それぞれの環境は子どもの生活のさまざまな段階で重要な役割を果たしている。子どもの社会情動的スキルを発達させるうえで成功が実証されている環境には共通の要素とアプローチがある。各学習環境間で一貫性があることは、子どもの社会情動的スキル発達を形成するうえでそれぞれの環境がどれくらい生産的であるかに影響を与えている可能性が高い。

家庭は、誕生から子どもの社会情動的発達において重要な役割を果たしうる

　家庭[1]は、指針を与え、習慣を育み、価値観を教え、期待を共有することにより、子どもの社会情動的発達を形成する。韓国におけるOECDの縦断的分析から、子どもの学習に親が関わり、家庭のなかの調和を維持しようと努力することは、青年期早期（14～16歳）まで子どもの社会情動的発達を促進するうえで重要な役割を果たすことがわかっている。実証的な論文もまた、刺激となる活動を与える協力的な温かい家庭は子どもの認知的スキルと社会情動的スキルを向上させることを示している（Baxter and Smart, 2011; Cabrera, Shannona and Tamis-LeMonda, 2007; Cunha, Heckman, and Schennach, 2012）。PISAデータの分析から、親が文字の読み書きに関わり、お話しを聞かせ、歌

115

を歌うことに関わった場合、その子どもは、読解リテラシーで高い点数を取る
だけでなく、学習への意欲も高い傾向にあることが明らかになっている（OECD,
2012）。同様に、親の態度としつけ訓練は子どもの社会情動的状態に影響を与え
る重要な役割を果たしている（Kiernan and Huerta, 2008）。健全な愛着を生み
出す協力的な関係は、子どもの感情の理解とコントロールに加え、安心感や探
求、学習を好むことにプラスの影響を与えている（Noelke, forthcoming）。

　子どもの年齢、親の社会経済的特性、仕事への態度、社会的な期待など、親
が子どもの社会情動的発達に関与する程度にはさまざまな要因が影響してい
る。親の関わりに対する重大な障壁として、親が仕事を含む他の活動に充て
る時間がある。両親が働くことは、子どもが親と過ごす時間の量と質を低下
させ、親子の結びつきを妨げる可能性がある（Belsky *et al.*, 1988; Belsky and
Eggebeen, 1991; Noelke, forthcoming）。しかし、両親が仕事をしていることは
世帯収入が増えることを意味し、スキル形成に潜在的な利益をもたらす学習教
材、サービス、および経験への投資が可能となるため、子どもの発達にプラス
の影響を与える可能性がある（Conger and Elder, 1994）。

　乳幼児を主に世話するのは従来から女性であったため、子どもの成果に対す
る母親の就労の影響を多くの研究が取り上げてきた。1歳までの子どもの母親
の就労は、特にフルタイムの場合、子どもの認知的発達や社会情動的発達に小
さなマイナスの影響を与える可能性があるというエビデンスを示す研究が概し
て多い（Noelke, forthcoming）。しかし、親の受けた教育、公的な保育の利用、
および両親と子どもの関わり合いの質など、ほかの要因のほうが母親の就労の
みと比べて乳幼児期の発達により大きな影響を与えているようである（Brooks-
Gunn, Han and Waldfogel, 2010; Huerta *et al.*, 2011）。母親の就労による小さな
マイナスの影響は、ほとんどの場合、両親とも高学歴のふたり親家庭の子ども
にみられる（Gregg *et al.*, 2005; Huerta *et al.*, 2011; Noelke, forthcoming）。裕
福な家庭で育つ子どもは、両親が賃金労働である場合、多くを失う可能性があ
る。子どもが代わりに受ける保育は両親による養育よりも劣る場合があるため
である。反対に、母親の就労は経済的に恵まれない状況にいる子どもにとって

116

マイナスの影響が小さい可能性がある。これは、子どもと過ごす時間の減少は、収入の増加、ストレスの軽減、および公的な保育の利用によって相殺されるためである（OECD, 2011; Noelke, forthcoming）。

学校は、教育課程の活動や課外活動における指導と学習を新しく工夫することにより、子どもの社会情動的スキルをさらに向上させることができる

　子どもが成長するにつれ、学校はスキル形成の過程に対してさらに重要な役割を担う。学校は、社会情動的スキルを向上させる革新的な教育課程の活動や課外活動を提供することができる（第5章）。教師は、効果的なメンターかつ学習のファシリテーターとなることによって、子どもの自尊感情、意欲、および感情の安定を向上させるうえで特に重要な役割を果たしうる。子どもは、協力、交渉、社交性といったさまざまな社会情動的スキルを友達や同級生から習得することができるため、仲間もまたひとつの役割を果たしうる。

　一部が社会情動的スキル向上のために計画された独立的なプログラムが数多くあるが、こうしたプログラムのなかで厳密もしくは長期的な評価を受けたものはない。カウツら（Kautz *et al.*, 2014）は短期的な評価ではあるが、米国のプログラムから3つの例を提示している（コラム4.1）。

　米国における社会情動的学習（SEL）に関する学校単位での介入についての大規模なメタ分析のエビデンスから、多くの教訓が示されている。第一に、SELプログラムは目標設定、葛藤の解決、および意思決定などの社会情動的スキルに有意なプラスの効果を与えている。第二に、担任教師および他の学校教職員はSELプログラムを成功に導くことができる。第三に、SELの介入は通常の教育実践に組み込むことができる。第四に、こうした介入はあらゆる教育レベル（小学校、中学校、高等学校）で成功する可能性がある。第五に、最も効果的なSELプログラムは、順序立てたトレーニング、積極的な学習方法、スキル育成タスクに時間と注意を向けていること、および系統立てられた学習目的というSAFE——sequenced（連続的）、active（活動的）、focused（集中的）、explicit（明白）——の原則をともなった学習実践を組み込むことである

117

（Durlak *et al.*, 2011）。最も効果的なプログラムは、4つのSAFE実践をすべて取り入れたプログラムである（Durlak, 2003; Durlak, Weissberg and Pachan, 2010; Durlak *et al.*, 2011）。SAFE実践の重要性は、放課後プログラムの調査でも認められている（Durlak, Weissberg and Pachan, 2010）。

コラム 4.1　社会情動的スキル向上のために計画されたプログラム：米国の事例

カウツら（Kautz *et al.*, 2014）は、部分的であれ社会情動的スキル向上のために計画された米国のプログラムに関する3つの事例を示している。現在までに、短期間の評価のみが実施されており、プラスの結果を示している。

第一の例は「心の道具（Tools of the Mind）」プログラムであり、社会的・認知的行動を制御するため、就学前および小学校低学年の児童に教えるものである。このプログラムは子どもにロールプレイを促し、ほかの子どもとグループで学ぶカリキュラムを採用している。短期的評価では、教室における行動の改善および抑制制御を含む実行機能などについて、プラスの結果が示されている。

第二の例は、能力には適応性があると子どもが信じるようにさせ、学習により知力の構造を変化させようとするもので、子どもの「マインドセット（ものの捉え方）」を強化するために計画された低コストプログラムである（Dweck, 2007）。このプログラムは、成績は生まれつきの知性ではなく勤勉さの結果であるという考えを身につけることを目的としている[1]。実際に、PISA2012年調査（OECD, 2013b）は、安定した知性ではなく勤勉さが成功の鍵であると考える子どものほうがPISAの数学的リテラシーでより良い成績を収めていることを示している。マインドセットの実験の主な目標は学業成績を向上させることであるが、その過程には粘り強さや意志の力などの社会情動的スキル向上が含まれている。上述の例と同様、短期的な結果は良好であった。

第三の例は「ひとつの目標（One Goal）」プログラムで、社会情動的スキルの育成により、生徒の大学への志願、成績や試験点数の改善、および大学の課程の修了を援助する高校教師の選抜と訓練を行うものである。このプログラムは、大学進学率50％未満が大多数のシカゴの低所得地域の学校で実施されている。短期的な評価はこの場合も成功を示しており、高校の学業成績の指標が改善し、高校

卒業率と大学進学率が引き上げられている。

1. さらに、問題をじっくり考えるのに役立つ質問を生徒にする、さまざまな方法で解決できる問題を示す、子どもが間違いから学ぶよう手助けするなど、認知的な活性化を促す技術を用いている教師とめぐりあった生徒は、粘り強く、数学における問題解決に優れている。このように、教育的な内容が形成され、提示される方法は、生徒がどのように認知的スキルや社会情動的スキルを発達させ、用いるかという点に大きな影響を与えている。
出典：Kautz, T. *et al.* (2014), "Fostering and Measuring Skills: Improving Cognitive and Non-cognitive Skills to Promote Lifetime Success", *OECD Education Working Papers*, No. 110, OECD Publishing. http://dx.doi.org/10.1787/5jxsr7vr78f7-en.

　仲間やファシリテーターとの交流を含むインフォーマルな環境で、スポーツ、音楽、芸術、あるいは学究的活動などへ参加することにより、課外活動も子どもが社会情動的スキルを発達させる豊富な機会を与えている。こうした活動は生徒の社会情動的スキルにプラスの影響を与えることが期待されると同時に、生徒の学術的、文化的、および身体的発達を含むほかの目的も満たしている。スポーツ活動、美術クラブ、または演劇クラブへ参加することにより、規律、チームワーク能力、好奇心など、子どもの社会情動的スキルの多くを向上させることができる（Covay and Carbonaro, 2010）。

　スポーツ活動への参加が社会情動的スキルに与える影響は広く研究されている。エビデンスは、スポーツ活動への参加のプラスの影響を示しているが、その影響は比較的小さいものである。ルイス（Lewis, 2004）によるメタ分析は、スポーツ活動は、リスク行動の減少について弱いながらも有意な関連があることを示している。すなわち、スポーツ活動に参加している生徒は、薬物乱用や攻撃的行動を呈する可能性が低い。またこの分析は、スポーツ活動が自尊感情や自己効力感がより高い水準にあることと関係していることを示している。ベイリー（Bailey, 2006）は、体育がスキル発達を向上させる程度は、そのプログラムが、1）楽しみ、多様性、全員の関わりを促進しているか、2）熱心で、訓練を受けた教師やコーチから指導されているか、3）情報に通じた親たちから支援されているかという3つの側面によって変わることを示している。

　また、演劇やダンス活動などの芸術活動を行うことにより、自尊感情、自己

制御、粘り強さ、社会的スキル、感情のコントロール、共感といった社会情動的スキルを向上できることを示唆する研究もある（こうした研究のレビューについてはWinner, Goldstein and Vincent-Lancrin（2013）を参照）。

　OECD諸国を通じて、生徒は一般に課外活動のひとつの形として学校運営や学級運営に参加している。生徒はクラスの代表となる、または生徒会に参加することができ、交渉、チームワーク、責任の負担など、民主主義の実行に必要なスキルを発達させることができる（Taylor and Johnson, 2002）。生徒会への生徒の参加が将来の政治への関与の良い予測材料となることを研究が示している（Davies *et al.*, 2006）。生徒はまた、クラスの役割を引き受け、自己効力感や責任感を養うことができる。

　向社会的活動では、子どもがイニシアティブをとり、自己制御し、自分を信じ、他者と協力する能力を伸ばすことも期待されている。特に、教室内の授業と地域社会への奉仕活動を組み合わせるサービスラーニングは指導方法としてますます採用されており、そのような指導のプラスの効果は研究でもまた明らかにされている。たとえば、サービスラーニングに関する研究のメタ分析は、学業成績、社会的スキル、市民参加、および自己、学校、学習への態度において、サービスラーニングのプログラムによる有意なプラスの影響を示している（Celio, Durlak and Dymnicki, 2011）。

　大部分の学校では、資源に制約があるため、教育課程や課外活動において大きな革新を導入する力がない。しかし、既存の実践を何とか適応させ、大きな変更なく社会情動的スキルを育成する革新的実践を導入することはできるかもしれない。カリキュラムが学習過程のなかで社会情動的スキルを積極的に組み入れれば、そうしたスキルは数学や語学のような標準的な科目のなかでも効果的に教えられることがエビデンスから示されている（Trilling, 2014）。たとえば、実生活の問題に基づいたダイナミックかつ対話的な問題解決を含むプロジェクト型学習を導入する方法がある。プロジェクトに基づく（または問題に基づく）アプローチには、明白な目標と指導のほか、資源（図書館、美術館の利用など）、および子どもが身につけるべき多様なスキルを対象とする多次元的な評価が必

要である（Barron and Darling-Hammond, 2008）。こうした革新が導入可能なものと考えられるが、校長、教師、親による組織全体にわたるサポートが依然として必要とされる。

　教師は、認知的スキルと同様に社会情動的スキルの発達においても子どもを成功に導く可能性が高い。このことは明白なように思われるが、性格形成における成功を促進する教師の特徴を明らかにした評価研究は確認されていない。ある研究は、社会情動的スキルの向上において教師が果たすと考えられる潜在的に重要な役割を示唆している。ジャクソン（Jackson, 2013）は、米国ノースカロライナ州のデータを用い、生徒の欠席数、停学、成績、および進級状況を測定することによって、9年生の数学教師と英語教師が生徒の認知的スキルと同様に社会情動的スキルに影響する原因となっていることを明らかにした。ジャクソンは、教師が認知的スキルよりも社会情動的スキルに大きな影響を与えると評価している。さらにこの研究は、認知的スキルと社会情動的スキルに影響を与える教師の能力は主として独立したものであり、子どもの社会情動的スキル形成は非常に得意だが認知的スキル形成は必ずしも得意でない教師もいれば、その逆の教師もいるということを示唆している。このことから、社会情動的スキル向上にとりわけ貢献するような教師の特定の特徴が存在することが示唆されている。

地域社会は、インフォーマルな学習のための貴重な環境を提供することにより、さらに社会情動的スキルを向上させることができる

　地域社会における学習環境で最も重要な要素は、インフォーマルな学習である。一定範囲の課外活動、校外の市民活動、文化活動を含むインフォーマルな学習は、生徒の学業的、社会的、および市民的成果へのプラスの変化と関連している（Conway, 2009）。芸術活動と社会的活動に参加する子どもは肯定的なアイデンティティと高い自尊感情を持つ可能性が高い（Lewis, 2004）。インフォーマルな学習は、校外の地域での活動の利用可能性に依存している。したがって、こうした学習は、社会経済的地位や居住者の価値観など、地域社会の資

源や特徴のレベルに結びついている。さらに、親の社会的ネットワークは子どものインフォーマルな学習機会の質と量に影響を与える可能性がある。サンプソンら（Sampson, Morenoff and Earls, 1999）は、親の友人のネットワークがスキル形成に有効な近隣資源となりうると論じている。ほかの親たちは直接的な社会的サポートと子育ての情報を提供するだけでなく、好ましい規範と行動を強化するのに役立つ可能性がある（Noelke, forthcoming）。

介入プログラムは、不利な状況におかれた子どもたちの社会情動的スキル発達のための貴重な手段を提供する

　子どもが不利な学習環境で育つ場合、認知的スキルや社会情動的スキルに悪影響を及ぼすことを示すエビデンスは数多くある（Shonkoff and Phillps, 2000; Feinstein, 2003; Schady *et al.*, 2014）。低所得はスキル形成に役立つ商品やサービスを購入する資源の不足につながるだけでなく、親のストレスとしつけ行動にもつながっており、それにより子どものニーズに対して敏感に対応することができなくなる（Elder and Caspi, 1988）。さらに、最近のエビデンスでは、貧困状況下で育つことで生じるストレスは子どもの脳の発達や成人期の脳の機能に悪影響を及ぼすことが示されている（Angstadt *et al.*, 2013）。したがって、介入プログラムは、不利な状況におかれた子どもが困難な環境を乗り越え、最終的に社会階層間の移動を成し遂げるよう、社会情動的スキルを向上させることを重要な目的としている。

　表4.2はカウツら（Kautz *et al.*, 2014）で述べられた有望な介入プログラムの一覧に、OECDが確認した米国以外のプログラムを追加して補完したものである。この一覧は、厳密な評価を受け、直接的もしくは間接的に社会情動的スキルを向上させると実証されたプログラムが記載されている。表は、対象となるグループ、場所、内容、対象となるスキルなどのプログラムの主な特徴を強調して示している。

第4章　スキル形成を促進する学習環境

成功した幼児期および児童期の介入は、良好な親子の愛着に重点を置き、訓練プログラムへ親を直接的に関与させている傾向がある

　表4.2は、子どもの社会情動的スキル（特に社会的スキルと感情のコントロール）を向上させ、その後の成人期の結果を向上させた幼児期および児童期の数多くの介入プログラムを示している。この表から、家庭の貧困に取り組むことを目的として開始され成功したプログラムの大部分は子どもと親の両方が関与するよう計画されていることがわかる。したがって、こうしたプログラムの大部分は学校・施設および家庭の両方で実施されている。

　家族の強い関わり、親と子どものふれあい、親の訓練は、表4.2で強調された有望なプログラムすべてに共通する特徴である。しつけのスタイル、および安心できるような愛着を目指すよう計画された実践に関する指針を提供する親の訓練は、子どもの成果を改善するための有効な戦略になる可能性がある。実際、温かく、毅然としており公平な親を持つ子どもは、ほかのしつけのスタイルをとる親を持つ子どもたちよりも精神的に成熟し、問題の内在化または外在化が少ない傾向にあることがエビデンスから明らかになっている（Steinberg, Blatt-Eisengart and Cauffman, 2006; Steinberg, 2004）。親の訓練は、母親およびほかの家族に対する専門的なカウンセリングセッションによって補完されることが多い。

　米国以外では、幼児期の介入は数多くあるが、厳密な評価を受けているものがほとんどない。幼児期の介入の良い例として、英国のシュアスタート（Sure Start）・プログラムがある。この目標を定めた介入プログラムは、子どもの社会情動的発達を含む14の望ましい結果のうち7項目の改善に関わっている（NESS, 2008）。たとえば、シュアスタート・プログラムに参加した子どもは、参加しなかった子どもたちよりも積極的な社会的行動、自主性、自己制御が向上している。また、このプログラムは家族の関わりに重点を置き、親の訓練コースも提供していた。こうした研究結果にもかかわらず、シュアスタート・プログラムは対象者が無作為に割り当てられなかったため、厳密な評価に適していない。

表4.2　社会情動的スキルの向上：有望な介入プログラム（抜粋）

プログラム	目的	対象		場所		
		子ども	親	学校・施設	家庭	職場
幼児期						
Nurse-Family Partnership（米国）	貧困の削減	出生前から1歳まで	●		●	
Abecedarian Project（米国）	貧困の削減	0歳	●	●	●	
Supplementation Study（ジャマイカ）	健康	1～2歳	●		●	
Head Start Program（米国）	貧困の削減	3～5歳	●	●	●	
Perry Preschool Program（米国）	貧困の削減、IQ	3～4歳	●	●	●	
Chicago Child Parent Center（米国）	貧困の削減	3～4歳	●	●		
Sure Start Programme（英国）	貧困の削減	3～4歳	●	●		
児童期						
Project STAR（米国）	教育の質の向上	5～6歳	●	●		
Seattle Social Development Project（米国）	犯罪防止	6～7歳	●	●		
Montreal Longitudinal Experimental Study（カナダ）	犯罪防止	7～9歳	●	●		
青年期						
Big Brothers Big Sisters（米国）	貧困の削減	10～16歳				
Entrepreneurs for Social Inclusion（ポルトガル）	中退率の減少	13～15歳		●		
Becoming a Man（米国）	中退率の減少と暴力の防止	15～16歳		●		
Pathways to Education（カナダ）	中退率の減少	15～18歳		●		
National Guard Challenge（米国）	中退率の減少	16～18歳		●		
Job Corps（米国）	貧困の削減	16～24歳		●		
Youth Employment Program（ドミニカ）	就業能力	16～28歳		●		●
Year-up（米国）	就業能力	18～24歳		●		●
Joven/Young Program（Chile）	就業能力	18～25歳		●		●

1. メンタリングは職業および個人の発達に重点を置くものである。メンタリングは情報と経験の共有、および助言と指導のやりとりである。比較的長期間続く可能性のある継続中の関係を示している。
2. カウンセリングは雇用者の行動に関するものである。心理社会的問題に対応するために用いられるほか、個人の行動が業績に影響を及ぼすと思われる場合、業績に関連する問題に対応するために用いられる。通常は短期的な介入である。

内容									対象スキル
家族の関わり	親子の愛着	メンタリング	指針、カウンセリング[1][2]	親の訓練	訓練を受けた教師	社会的サービス	職業訓練	健康サービス[3]	
●			●	●		●		●	語彙力、内在化行動の減少、反社会的行動の防止
●	●		●					●	外在化行動の減少、反社会的行動の防止、学力
	●			●				●	自尊感情、感情の制御、反社会的行動と反抗的行動の減少
●				●		●			社会的関係、自己概念、自己効力感、自己制御、感情の制御、学力
●				●					外在化行動の減少、学習意欲、IQ
●				●	●			●	反社会的行動の防止、感情の制御、学力、IQ
				●					社会的行動（協同、共有、共感）、子どもの自立／自己制御
●	●				●				反社会的行動の防止、児童の努力、自発性、非参加型行動、クラスにおける自己の「価値」、IQ
●				●	●			●	コミュニケーション、意思決定、交渉スキル、葛藤解決スキル
●				●					社会的・行動的スキル：教師、親、友人との積極的交流；問題解決、自己制御
●		●							自己価値、自信、意欲、社会的受容と社会的行動、反社会的行動の防止、学力
			●		●				意欲、自己制御、課題解決スキル、社会的スキル
		●	●						社会的・認知的スキル：衝動制御、感情に関する自己制御、葛藤解決、将来へのアスピレーションの育成、自己に対する責任感
●		●	●						学力と社会的スキル：課題解決、チーム作り、コミュニケーションおよび交渉
								●	自信および責任感、自己制御の感覚、リーダーシップと潜在能力に関する感覚、学力
		●						●	対人コミュニケーション、課題解決、社会的スキルと管理的スキル、技術的スキル、学力
		●					●		自尊感情、課題解決、意思決定、葛藤解決、共感、協力、責任感、感情コントロール、リスク行動の削減、コミュニケーション、創造的思考
			●				●		時間管理、チームワーク、課題解決、葛藤解決、技術的スキル
			●				●		社会的スキル、技術的スキル、学力

3. 健康サービスとは、医療サービス（予防接種の処置など）、精神衛生サービス、栄養などに関する指導をさし、各介入によって異なる。

本表に関する情報源と文献に関してはカウツら（Kautz et al., 2014）を参照されたい。

プロジェクト・スター（Project STAR）、シアトル社会的発達プロジェクト（Seattle Social Development Project, SSDP）などの有望な児童期のプログラムは、成功している幼児期のプログラムと共通の特徴が多くある。家族の関わりはこうした介入プログラムで最もよくみられる要素である。さらに、教師の訓練も非常に強調されている。たとえば、SSDPに関与する教師は、学級経営、協同学習および双方向型の指導について集中的な訓練を受ける。行動マネジメントのようなほかの課程は、子どもが友人との問題を解決し、結果として課題解決スキルを発達させるのを手助けする方法を教師に指導するために提供されている。

成功した青年期の介入プログラムは実務経験を通じたメンタリングに重点を置いている

　青年期は生物学的変化、生理学的変化、そして社会的変化を伴う混乱の時期である。結果として、多くが否定的な、反社会的行動を追求することを選択する時期でもある。青年期の若者は成人よりもリスクを多く侵す傾向にあり、そのため成果を上げる介入の実施が困難になる可能性がある（Steinberg, 2004）。そうした状況では、自制心、またはレジリエンス（逆境に打ちかつ力）などの青年期の社会情動的スキル改善に役立つプログラムを実施することが彼らを正しい選択に導くひとつの方法となりうる。

　しかし、限られた数の青年期の若者を対象とする介入プログラムはすべて米国を拠点とするものであり、長期的な効果を立証する厳密な評価を欠く場合が多い。数少ない既存のプログラムのなかには、メンタリングの重要性を示すエビデンスがある。特に学習経験の構築、模範を示すことによる規律指導、若者が模倣と観察により必要なスキルを習得できる足場の提供に関するメンタリングである（Kautz *et al.*, 2014）。さらに、特に学校に在籍していない若者のために、職場もまた適切なスキルを習得する良い機会を提供している。職場での訓練では、チームワーク、効力感および意欲といったスキルの重要性を若者に教えることができる。これにより、職業的アイデンティティの意識を若者に身

第4章　スキル形成を促進する学習環境

につけさせることも可能である（Rauner, 2007）。

　若者の就業能力をねらいとした青年期の若者向けプログラムの成功例における顕著な特徴は、実務経験と生活スキル発達を組み合わせることに価値を置いていることである。たとえばドミニカの若年者雇用プログラムは、教室における訓練と、仕事を通じて学ぶ機会の両方を提供している。教室における訓練は、自尊感情、意欲、コミュニケーションスキルの向上などを含む職業的スキルや生活スキルの訓練から構成されている。職業訓練の内容について、獲得したスキルが仕事に関係するものであることを現地の雇用主から同意を得ることを成功したプログラムは徹底している。こうしたスキルは参加者の実習期間に、また仕事を通じた指導を通じてさらに向上する。メンタリングは一般に、中退率減少に焦点を当てたプログラム（例：Big Brothers Big Sisters）や若者の就業に焦点を当てたプログラムなど、若者を対象に成功しているさまざまな介入プログラムで実践されている。

結　論

　社会情動的スキルは、幼児期に形成されたスキルに基づいて、さらに革新的な学習環境や介入プログラムによる新たな投資を利用して徐々に発達する。社会情動的スキルへの投資は誰にとっても早期に始めるべきであることをエビデンスは示唆している。恵まれない状況におかれた子どもに対し、こうしたスキルに対して、早期に、十分な投資をすることが、社会経済的な不平等を縮小する重要な方法である。社会情動的スキルは、幼児期から青年期の間にとりわけ影響を受けやすい。社会情動的スキルを早期から発達させることにより、将来の社会情動的スキルだけでなく認知的スキルの発達も促進される。

　スキルの発達は総合的かつ一貫したものでなければならない。つまり、スキル発達において家庭、学校、および地域社会が果たすべき重要な役割があり、それぞれの状況で行われる取り組みが効率的であるよう常に一貫性を確保する

必要がある。学校における実践は、実生活のプロジェクトを既存のカリキュラムにおける活動に導入することによって徐々に改善できる。成功している学校のプログラムは、連続的、活動的、集中的な傾向にあり、明白な学習実践を採用している場合が多い。既存のプログラムは、メンターと子どもの間と同様に親子間の積極的な関係を促進することで改善できる。恵まれない状況におかれた集団を対象とした介入プログラムから得られたエビデンスも、同様の結論を示している。介入プログラムは、早い段階で、家族や学校などのあらゆる利害関係者を対象として開始すべきであり、親も対象とする強固な訓練要素を含むべきである。また、成功している介入プログラムはメンター（親や教師）と子どもの信頼感のある協力的な関係の重要性に重点を置いている。

注

1. この節では親を中心に議論が行われている。しかし、きょうだいや祖父母などのほかの家族も子どもの発達に重要な役割を果たしている。祖父母の役割は、親による育児や公的な保育の補完として（ときには代替として）の役割を果たすため、ますます重要になっている。祖父母やきょうだいとの関係が子どもの社会情動的スキル形成に貢献しうることは明らかである。しかし、この分野における研究はまだ少ない。

参考文献・資料

Angstadt, M. *et al.* (2013), "Effects of childhood poverty and chronic stress on emotion regulatory brain function in adulthood", *Proceedings of the National Academy of Sciences of the United States of America*, Vol. 110, No. 46, pp. 18442-18447.

Bailey, R. (2006), "Physical education and sports in school: A review of benefits and outcomes", *Journal of School Health*, Vol. 76, No. 8, pp. 397-401.

Barron, B. and L. Darling-Hammond (2008), "Teaching for meaningful learning: A review of research on inquiry-based and cooperative learning", The George Lucas Educational Foundation, www.edutopia.org/pdfs/edutopia-teaching-for-meaningful-learning.pdf.

Baxter, J. and D. Smart (2011), "Fathering in Australia among couple families with

第4章　スキル形成を促進する学習環境

young children", *Occasional Paper*, No. 37, Department of Families, Housing, Community Services and Indigenous Affairs, Australian Government, Canberra.

Belsky, J. and D. Eggebeen (1991), "Early and Extensive Maternal Employment and Young Children's Socioemotional Development: Children of the National Longitudinal Survey of Youth", *Journal of Marriage and the Family*, Vol. 53, pp. 1083-1099.

Belsky, J. *et al.* (1988), "The 'effects' of infant day care reconsidered", *Early Childhood Research Quarterly*, Vol. 3, No. 2, pp. 235-272.

Brooks-Gunn, J., W. Han and J. Waldfogel (2010), "First-year maternal employment and child development in the first 7 years", *Monographs of the Society for Research in Child Development*, Vol. 75, No. 2, pp. 144-45.

Cabrera, N.J., J.D. Shannon and C. Tamis-LeMonda (2007), "Fathers' influence on their children's cognitive and emotional development: From toddlers to pre-k", *Applied Developmental Science*, Vol. 11, No. 4, pp. 208-13.

Celio, C.I., J. Durlak and A. Dymnicki (2011), "A meta-analysis of the impact of service-learning on students", *Journal of Experiential Education*, Vol. 34, No. 2, pp. 164-181.

Conger, R. and G.H. Elder (1994), *Families in Troubled Times: Adapting to Change in Rural America*, Aldine de Gruyter Publishing, New York, NY.

Conway, A. (2009), *An Investigation into the Benefits of Extracurricular Activities Like Clubs and Societies to Students and Colleges: Are These Benefits Evident in the Opinions and Perceptions of Staff and Students in DIT?*, Dublin Institute of Technology.

Covay, E. and W. Carbonaro (2010), "After the bell: participation in extracurricular activities, classroom behavior, and academic achievement", *Sociology of Education*, Vol. 83, No. 1, pp. 20-45.

Cunha, F. and J.J. Heckman (2008), "Formulating, identifying and estimating the technology of cognitive and noncognitive skill formation", *Journal of Human Resources*, Vol. 43, No. 4, pp. 738-782.

Cunha, F., J.J. Heckman and S. Schennach (2012), "Estimating the technology of cognitive and noncognitive skill formation", *Econometrica*, Vol. 78 (3), pp. 883-931.

Davies, L. *et al.* (2006), *Inspiring Schools: A Literature Review: Taking up the Challenge of Pupil Participation*, Carnegie Young People Initiative, Esmee Fairbairn Foundation, London.

Durlak, J.A. (2003), "The long-term impact of preschool prevention programs: A commentary", *Prevention & Treatment*, Vol. 6, No. 1.

Durlak, J. *et al.* (2011), "The impact of enhancing students' social and emotional learning: A metaanalysis of school-based universal interventions", *Child Development*, Vol. 82, No. 1, pp. 405-432.

Durlak, J.A., R.P. Weissberg and M. Pachan (2010), "A meta-analysis of after-school programs that seek to promote personal and social skills in children and adolescents", *American Journal of Community Psychology*, Vol. 45, pp. 294-309.

Dweck, C. (2007), *Mindset*, Ballantine Books, New York, NY. (『「やればできる!」の研究:能力を開花させるマインドセットの力』キャロル・S・ドゥエック著、今西康子訳、草思社、2008年)

Elder, G.H. and A. Caspi (1988), "Economic stress in lives: Developmental perspectives", *Journal of Social Issues*, Vol. 44, No. 4, pp. 25-45.

Feinstein, L. (2003), "Inequality in the early cognitive development of British children in the 1970 cohort", *Economica*, Vol. 70, No. 277, pp. 73-97.

Gregg, P. *et al.* (2005), "The effects of a mother's return to work decision on child development in the United Kingdom", *The Economic Journal*, Vol. 115, pp. F48-F80.

Hart, B. and T. R. Risley (1995), *Meaningful Differences in the Everyday Experience of Young American Children*, Brookes Publishing, University of Michigan, Ann Arbor, MI.

Heckman, J.J. (2008), "Schools, skills and synapses", *Economic Inquiry*, Vol. 46, No. 3, pp. 289-324.

Huerta, M. *et al.* (2011), "Early maternal employment and child development in five OECD countries", *OECD Social, Employment and Migration Working Papers*, No. 118, OECD Publishing, Paris, http://dx.doi.org/10.1787/5kg5dlmtxhvh-en.

Jackson, C. K. (2013), "Non-cognitive ability, test scores, and teacher quality: Evidence from 9th grade teachers in North Carolina", *NBER Working Paper*, No. 18624.

Kautz, T. *et al.* (2014), "Fostering and Measuring Skills: Improving Cognitive and Non-cognitive Skills to Promote Lifetime Success", *OECD Education Working Papers*, No. 110, OECD Publishing, http://dx.doi.org/10.1787/5jxsr7vr78f7-en.

Kiernan, K. and M. Huerta (2008), "Economic deprivation, maternal depression, parenting and child's cognitive and emotional development in early childhood", *The British Journal of Sociology*, Vol. 59, No. 4, pp. 783-806.

Lewis, C.P. (2004), *The Relation Between Extracurricular Activities with Academic and Social Competencies in School Age Children: A Meta-Analysis*, Texas A&M University, TX.

NESS (2008), "The Impact of Sure Start Local Programmes on Three Year Olds and Their Families", Report 27, National Evaluation of Sure Start Research Team, Department for Education and Skills, London.

Noelke, C. (forthcoming), *The Effects of Learning Contexts on Skills*, OECD, Paris.

OECD (2013a), *PISA 2012 Results: Ready to Learn (Volume III): Students' Engagement, Drive and Self-Beliefs*, PISA, OECD Publishing, Paris, http://dx.doi.org/10.1787/9789264201170-en.

OECD (2013b), PISA 2012 Results in Focus: What 15-Year-Olds Know and What they can Do With What they Know: Key Results from PISA 2012, OECD Publishing, Paris, http://www.oecd.org/pisa/keyfindings/pisa-2012-results-overview.pdf.

OECD (2012), *Let's Read Them a Story! The Parent Factor in Education*, PISA, OECD Publishing, http://dx.doi.org/10.1787/9789264176232-en.

OECD (2011), *Doing Better for Families*, OECD Publishing, http://dx.doi.org/10.1787/9789264098732-en.

Rauner, F. (2007), "Vocational education and training: A European perspective", in A. Brown, S. Kirpal and F. Rauner (eds.), *Identities at Work*, Springer, Dordrecht.

Sampson, R.J., J.D. Morenoff and F. Earls (1999), "Beyond social capital: Spatial dynamics of collective efficacy for children", *American Sociological Review*, Vol. 64, No. 5, pp. 633-660.

Schady, N. *et al.* (2014), "Wealth gradients in early childhood cognitive development in five Latin American countries", *Policy Research Working Paper*, No. 6779, The World Bank, Washington.

Shonkoff, J.P. and D.A. Phillips (2000), *From Neurons to Neighborhoods: The Science of Early Childhood Development*, Committee on Integrating the Science of Early Childhood Development, National Academies Press, Washington, D.C.

Skinner, E.A. and M.J. Belmont (1993), "Motivation in the classroom: Reciprocal effects of teacher behavior and student engagement across the school year", *Journal of Educational Psychology*, Vol. 85, No. 4, pp. 571-581.

Steinberg, L. (2004), "Risk-taking in adolescence: What changes, and why?", *Annals of the New York Academy of Sciences*, Vol. 1021, pp. 51-58.

Steinberg, L., I. Blatt-Eisengart and E. Cauffman (2006), "Patterns of competence and adjustment among adolescents from authoritative, authoritarian, indulgent, and neglectful homes: A replication in a sample of serious juvenile offenders", *Journal of Research on Adolescence*, Vol. 16, No. 1, pp. 47-58.

Taylor, M. and R. Johnson (2002), *School Councils: Their Role in Citizenship and Personal and Social Education*, National Foundation for Educational Research, Slough.

Trilling, B. (2014), "Road Maps to Deeper Learning", in J. Bellanca (eds.), *Deeper Learning: Beyond 21st Century Skills*, Solution Tree Press, Bloomington, IN.

Winner, E., T. Goldstein and S. Vincent-Lancrin (2013), *Art for Art's Sake?: The Impact of Arts Education*, Educational Research and Innovation, OECD Publishing, Paris, http://dx.doi.org/10.1787/9789264180789-en. (『アートの教育学：革新型社会を拓く学びの技』OECD教育研究革新センター編著、篠原康正，篠原真子，袰岩晶訳、明石書店、2016年）

第5章

社会情動的スキルを強化する 政策、実践、評価

　各国政府は、社会情動的スキルが学校教育を通して育むべき重要な能力であることを認識している。ナショナル・カリキュラムが対象とするスキルには、ほとんどの場合、主体性、責任感、忍耐力、批判的思考力、異文化理解が含まれている。各国はこれらスキルの定着を促進するめに、さまざまなカリキュラムや課外活動を導入している。ナショナル・カリキュラムの多くは、生徒の社会情動的スキルに焦点を当てた科目が組み込まれている。それは、体育・保健、公民・シティズンシップ教育、道徳もしくは宗教などといった従来からある教科を通じて指導する場合もあれば、社会情動的スキルの育成に特化した特別教科を設ける場合もある。いくつかの国では、社会情動的スキルの育成をカリキュラムの中心に組み入れている。また、スポーツや芸術のクラブ活動、生徒会、ボランティア活動など、社会情動面での成長にプラスの効果があると考えられる課外活動も幅広く実践されている。各国は、社会情動的スキルを評価する標準的なアセスメントを学校に義務づけることはしていないが、生徒の評価に役立つガイドラインを提供していることが多い。しかし、教育システムのなかで社会情動面での成長を強化する具体的な指導方法が提供されることは、あまりない。このことは、学校や教師が自分たちの指導を柔軟に計画できる状況をもたらす一方で、こうしたスキルを効果的に教える方法に習熟していない教師を支援することができないという課題がある。

133

はじめに

「習うより慣れよ」という格言があるが、社会情動的スキルの育成にも同じことがあてはまる。政策立案者、教師、親たちは今までもずっと、子どもに対して難しい目標を追い求め、他者と関わり、ストレスに対処する方法を指導することが大切だと認識してきた。そのため、社会情動面の学びは、カリキュラムや課外活動のなかで重要な構成要素のひとつになっている。本章では、OECD諸国とパートナー諸国において、教育政策や学校での活動と評価が、いかに社会情動的スキルの育成を強調してきたかについて述べる。本章で示す情報や分析結果は、国別アンケート[1]や文献調査に基づくものである。

各国の教育目標

社会情動的スキルの育成は、各国の教育制度における重要な目標である

OECD諸国とパートナー諸国の教育システムでは、生徒の将来に備えるために社会情動的スキルの育成が不可欠であると認識されている。事実、いずれの調査対象国も、通常、教育法や政策文書に規定される総合的な教育目標に、社会情動的スキルの育成が掲げられている（表5.1、付録5.A）。こうした目標では概して、個人の総合的な発達が重視されている。そのため、知識や知的能力に加えて、個性、態度、価値観を育成する重要性が強調される。また、これらの能力をバランスよく養うことが、民主主義、平等、自由、平和の貢献につながると考えられている。

こうした目標には、社会情動的スキルに関連する特定の側面、つまり第2章（図2.3）で指摘した「目標の達成」「他者との協働」「感情のコントロール」といったスキルが含まれていることがある。表5.1は、各国の教育政策に含まれ

第5章　社会情動的スキルを強化する政策、実践、評価

た社会情動的スキルをまとめたものである。たとえば、「目標の達成」の区分に関連して言及されるスキルには、責任感、主体性、まじめさがある。また、「他者との協働」の区分に関連するスキルには、他者の尊重、協力、連帯感が挙げられる。最後の「感情のコトンロール」の区分には、自信、自尊心、自立心が含まれる。各国の教育目標すべてにこれらのスキルが明記されているわけではないが、いずれの目標にも態度、社会的能力、情緒的発達など、社会情動的スキルに関わる一般的な用語が使用されている。

　教育政策において社会情動的スキルを重視する動きは、必ずしも新しいものではない。1947年（2006年改正）に制定された日本の教育基本法や、1962年に制定されたオーストリアの学校教育の組織に関する法律など、教育関連の法律の制定が50年以上も前に遡る国家もある。こうした国で表明されている政策には、教育の目標として豊かな人間性と幅広いスキルを育成することが明確に定められている。このように、社会情動的スキルの育成は、時代や国を超えて教育の要とされてきた。

ナショナル・カリキュラム

　教育政策を学校が実践に移す方法は多岐にわたるが、カリキュラムの基準とガイドラインは、政府が組織的に、また体系的に社会情動的スキルを育成する手段を直接示してくれる。本節では、初等教育と前期中等教育における国や地方政府レベルのカリキュラムで行われている実践に焦点を当て、社会情動的スキルを育成する各国のアプローチを概観する。

社会情動的スキルは、ナショナル・カリキュラムの中心的なフレームワークになっている

　ナショナル・カリキュラムは、一国の教育システムが育成を目指すスキルのフレームワークをもとにして構築されるケースが多い。それらのフレームワー

135

表5.1 各国の教育システムの目標に含まれる社会情動的スキルの種類

	一般的な社会情動的スキル	特定の社会情動的スキル		
		目標の達成	他者との協働	感情のコントロール
オーストラリア	●	○	○	●
オーストリア	●	●	●	○
ベルギー（フランドル地域）	●	●	●	●
ベルギー（フランス語地域）	●	●	●	●
カナダ（オンタリオ州）[1]	○	○	●	●
チリ	●	●	●	●
チェコ	●	●	●	●
デンマーク	●	●	●	●
エストニア	●	●	●	●
フィンランド	●	○	○	○
フランス	●	○	○	○
ドイツ（ノルトライン＝ヴェストファーレン州）[1]	●	●	●	●
ギリシャ	●	○	○	○
ハンガリー	●	●	●	○
アイスランド	●	●	●	●
アイルランド	●	●	●	●
イスラエル	●	○	○	●
イタリア	●	○	○	●
日本	●	○	●	●
韓国	●	○	○	●
ルクセンブルク	●	○	○	●
メキシコ	●	○	○	●
オランダ	●	●	○	○
ニュージーランド	●	○	○	●
ノルウェー	●	○	○	●
ポーランド	●	○	○	●
ポルトガル	○	○	○	○
スロバキア	●	●	●	●
スロベニア	●	●	●	●
スペイン	●	●	○	●
スウェーデン	●	○	○	●
スイス（チューリッヒ州）[1]	●	●	●	○
トルコ	●	●	●	○
英国（イングランド）[1]	●	○	○	●
米国（カリフォルニア州）[1]	○	○	○	○
ブラジル	●	○	○	○
ロシア	●	○	○	○

StatLink : http://dx.doi.org/10.1787/888933163849

注：● 明示的に記載；○ 暗示的に記載
1. カナダ、ドイツ、スイス、英国、米国では、教育関連の法令と政策は（その全部または大半が）地方政府の所管となっている。そのため、本表に含まれる情報は、各国にて最も人口密度の高い地域の状況を反映したものとなる。
出典：本表は、OECDによる国別アンケート調査と机上調査を通して特定された教育政策（一覧は付録5.Aに記載）に基づき作成されたものである。記載した教育政策の多くは、一般教育関連の法令に基づく。オランダとロシアは、初等教育の法令を参照している。

第5章　社会情動的スキルを強化する政策、実践、評価

表5.2　ナショナル・カリキュラムのフレームワークに含まれる社会情動的スキルの種類

	一般的な社会情動的スキル	特定の社会情動的スキル		
		目標の達成	他者との協働	感情のコントロール
オーストラリア	●	○	●	●
オーストリア	●	●	●	●
ベルギー（フランドル地域）	●	●	●	●
ベルギー（フランス語地域）	●	●	●	●
カナダ（オンタリオ州）[1]	‥	‥	‥	‥
チリ	●	●	●	●
チェコ	●	●	●	●
デンマーク	‥	‥	‥	‥
エストニア	●	●	●	●
フィンランド	●	●	●	●
フランス	●	●	●	●
ドイツ（ノルトライン＝ヴェストファーレン州）[1]	‥	‥	‥	‥
ギリシャ	●	●	●	○
ハンガリー	●	●	●	●
アイスランド	●	●	●	●
アイルランド	●	●	●	●
イスラエル	‥	‥	‥	‥
イタリア	●	●	●	●
日本	●	●	●	●
韓国	●	○	●	○
ルクセンブルク	●	●	●	●
メキシコ	●	●	●	●
オランダ	●	●	●	●
ニュージーランド	○	●	●	●
ノルウェー	●	●	●	●
ポーランド	●	●	●	●
ポルトガル	○	○	○	○
スロバキア	●	●	●	●
スロベニア	●	●	●	●
スペイン	●	●	○	○
スウェーデン	●	●	●	○
スイス（チューリッヒ州）[1]	‥	‥	‥	‥
トルコ	‥	‥	‥	‥
英国（イングランド）[1]	‥	‥	‥	‥
米国（カリフォルニア州）[1]	‥	‥	‥	‥
ブラジル	●	○	○	○
ロシア	●	●	●	●

StatLink：http://dx.doi.org/10.1787/888933163853

注：● 明示的に記載 ；○ 暗示的に記載 ；‥ カリキュラムのフレームワークなし／OECD事務局による特定なし
1. カナダ、ドイツ、スイス、英国、米国では、地方政府がカリキュラムの設定を所管している。そのため、本表に含まれる情報は、各国にて最も人口密度の高い地域の状況を反映したものとなる。
出典：付録5.Aの一覧にあるカリキュラムのフレームワークに基づく。

クは、国の教育目標と連動しており、対象となるスキルの詳細を規定するのが一般的である。カリキュラムが学年別の指導内容を具体的に規定するものであるのに対し、ナショナル・カリキュラムのフレームワークには全学年・全カリキュラムを横断して共通する優先的な教育内容が定められる。表5.2は、各国の初等教育と前期中等教育に導入されているナショナル・カリキュラムのフレームワークの概要を示したものである（詳細は付録5.A参照）。

　調査したナショナル・カリキュラムのフレームワークのすべてに、社会情動的スキルの育成が含まれているが、これらスキルの厳密な定義は国によって違いがある。しかし、表5.2に示すように、調査対象となった既存のフレームワークの多くは、社会情動的スキルを3つのカテゴリーに分類することができた。たとえば、主体性や責任感といったスキルは「目標の達成」に、多様性に対する寛容さは「他者との協働」に、自尊心および自制心といったスキルは「感情のコントロール」にあてはまる。

　社会情動的スキルの育成を重視するカリキュラム・フレームワークの好例となるのが、オーストラリアの「準備学級から第10学年までのカリキュラム（Australian Curriculum for Foundation to Year 10）」である。このフレームワークには、「個人的・社会的な力」「倫理的判断力」「異文化理解力」を含む7つの「一般能力」が設定されている。ただし、これらのスキルに特化した教科が導入されているわけではなく、指導はすべての教科を通して行われる。たとえば、数学のカリキュラムは、自発的行動、意思決定、プロセスや結果の伝達、単独作業や共同作業といった機会を提供することで、「個人的・社会的能力」を強化する。同様に、国語の学習は、言語がいかに行動の際の判断を左右し、結果を推測し、意見に影響を与えるのかを理解するのを助ける。

調査対象国の多くで、社会情動的スキルの育成に特化した教科が導入されている

　調査対象国の多くは、国や地方政府レベルのカリキュラムで、生徒の社会情動的スキルの育成に特化した教科を取り入れている（概要は表5.3参照）。それらのなかには、体育・保健、公民・シティズンシップ教育、道徳もしくは宗教

第5章 社会情動的スキルを強化する政策、実践、評価

表5.3 初等学校・前期中等学校で社会情動的スキルの育成を取り扱う教科

	体育・保健	公民・シティズンシップ教育	道徳／宗教	その他の教科
オーストラリア	●	●(8-)	..	
オーストリア	●	●(12-14)	●	
ベルギー（フランドル地域）	●	○	●	
ベルギー（フランス語地域）	●	○	●	
カナダ（オンタリオ州）[1]	●	○	●	
チリ	●	●	●	
チェコ	●	○	●	人間と世界（6～11歳）、人間と社会（11歳～）、人間と仕事の世界
デンマーク	●	○	●	
エストニア	●	●	●	
フィンランド	●	●	●	
フランス	●	●	..	学級生活の時間（11歳～）
ドイツ（ノルトライン＝ヴェストファーレン州）[1]	●	○	●	
ギリシャ	●	●	●	
ハンガリー	●	○	..	人間と社会（公民教育を含む）
アイスランド	●	●	●	社会科学（社会・宗教、ライフスキル、平等権の問題、道徳を含む）
アイルランド	●	●	●	学校指導プログラム（12歳～）
イスラエル	●	●	●	ライフスキル学習
イタリア	●	○	▲	
日本	●	○	●	総合的な学習の時間（9歳～）、特別活動
韓国	●	●	●	創造的体験的学習活動
ルクセンブルク	●	●	●	
メキシコ	●	●	●	
オランダ	●	○	▲	
ニュージーランド	●	○	▲	社会科学（公民教育を含む）
ノルウェー	●	○▲	●	社会学、ノルウェー語
ポーランド	●	●	▲	
ポルトガル	●	●	▲	自己の発達（必須科目ではない）
スロバキア	●	●(10-)	●	
スロベニア	●	●(12-)	●(12-15)	
スペイン	●	●(15-)	▲	
スウェーデン	●	○	●	
スイス（チューリッヒ州）[1]	●	●	●	
トルコ	●	●	●(9-)	情動的・社会的改善に関する授業（7～14歳）、美術、ゲーム、体育、演劇
英国（イングランド）[1]	●	●(11-)	●	人格・社会性・健康・経済教育（PSHE）（11歳～）
米国（カリフォルニア州）[1]	●	○	..	
ブラジル	●	○	▲	
ロシア	●	●(14)	●(10-12)	私たちを取り巻く世界（6～10歳）

StatLink : http://dx.doi.org/10.1787/888933163865

注：● 実施；○ 別教科の一環として実施；▲ 任意で実施；.. 実施されていない

括弧内の数字：初等・前期中等学校で全学年共通の教科となっていない際の一般的な指導対象年齢。

1. カナダ、ドイツ、スイス、英国、米国では、地方政府がカリキュラムの設定を所管している。そのため、本表に含まれる情報は、各国にて最も人口密度の高い地域の状況を反映したものである。

出典：データは、国別アンケートに対する各国の回答とOECD事務局の机上調査の結果に基づく。

139

科などの教科がある。

体育はすべての調査対象国で必修の科目となっており、一般的に身体の発育や健康的なライフスタイルを推進するだけでなく、社会情動的スキルの育成が教育目標に掲げられている。体育では、自分の目標や自己改善に向けた努力、他者との協働、感情のコントロールなどを学ぶ機会を提供することができる。また、体育と併せて指導することの多い科目である保健は、生徒の自尊心や安定した情動の育成を主たる目標としている。

公民科やシティズンシップ教育も、社会情動的スキルの育成を目指した教科のひとつである。これらの教科ではしばしば、対立する問題を解決するスキルや自ら考える力の育成を学習目標にしている。社会科の授業の一環としてこれらの教科を教えている国もある。

道徳および宗教科もまた、多くのOECD諸国で導入されている。これらの教科では、現代社会における倫理的な課題、公正の価値、他者を尊ぶ精神について指導し、生徒の人格形成の強化を図る。自制心や強固な意志の大切さを理解することで、倫理的思考を実際の行動に移すためのスキルを高めることもできる（Lapsley and Yaeger, 2012）。

さらに近年では、独自の教科として社会情動的スキルの育成に特化した教科を導入している国もある。その事例は、コラム5.1に提示する。しかし、こうした教科はしばしば選択科目として扱われ、ほかの主要教科と比べて低く位置づけられる傾向にある。

コラム 5.1　**社会情動的スキルの育成に特化した教科：各国の事例**

イスラエルでは1997年、初等学校と中等学校のカリキュラムに「ライフスキル学習（Life Skill Studies）」と称される教科が導入された。この教科は、生徒の社会情動的スキルを育成し、人生のさまざまな局面に対応する能力を強化することを学習目標としている。それは5つの柱、すなわち、1）アイデンティティ、2）自己統制、3）対人関係、4）余暇と進路選択・進路学習、5）ストレス対処で構成さ

第5章 社会情動的スキルを強化する政策、実践、評価

れている。このプログラムは、「ライフスキル学習」の授業のみで実施されるのではなく、全教科を通じて指導することが推奨されている。

英国では、人格・社会性・健康・経済教育（personal, social, health and economic education, PSHE）が前期中等教育の任意科目として導入されている。この科目は、アイデンティティや自信や自尊感情の確立、進路の選択、自分の決定に影響する要因（金銭的状況を含む）の理解などをサポートし、生徒の人格の成長に貢献することを目的にしている。標準的なフレームワークやプログラムが存在しないため、教師は生徒のニーズに合わせて柔軟に授業を構成することができる。教育省は、学校と密に連携して、学校独自のPSHE科のカリキュラム構築に向けたアドバイスを行い、授業の質を改善できるようにPSHE協会に助成金の拠出を行っている。さらに、薬物・飲酒防止教育に関する情報提供を行う「飲酒・薬物教育と防止情報サービス（Alcohol and Drug Education and Prevention Information Service）」に対して資金援助も行っている。学校側は、自らの裁量で各種の機関やリソースを活用することができる。

出典：Israel Ministry of Education (2008), "Life skills in primary schools" (in Hebrew), Ministry of Education website, http://cms.education.gov.il/EducationCMS/Units/Shefi/KishureiChaim/meytaviyut/KishureiHaimLeYesody.htm.
UK Department for Education (2013), "Personal, Social, Health and Economic (PSHE) Education", Department for Education website, www.gov.uk/government/publications/personal-social-health-andeconomic-education-pshe/personal-social-health-and-economic-pshe-education.

全教科を通じて社会情動的スキルの教育を可能にするカリキュラムを導入する国が増えている

国語や数学などの主要な科目を含むすべての教科で、社会情動的スキルを効果的に育成するカリキュラムの導入を学校に推奨する国が増えている。たとえば韓国は、全教育活動を通した総合テーマとして「品格教育（character education）」をカリキュラムに導入している。同国がその教育政策に品格教育の概念を採用したのは1995年のことである。品格教育は主に道徳の授業で実施されるが、全教科を通じた横断的テーマとして、別領域のカリキュラムにも取り込まれている。2009年には創造性や品格教育を重視したナショナル・カ

リキュラムの改訂が行われ、初等・中等教育のカリキュラムにそれらを実現する「創造的体験的学習活動（creative experiential learning activities）」が導入された（National Youth Policy Institution, 2009）。コラム5.2ではこのほかに、オーストラリア、チェコ、米国の事例を提示する。

■コラム 5.2 社会情動的スキルを育成するためにカリキュラムを広げるアプローチ：各国の事例

オーストラリアでは、「学校安全のフレームワーク（National Safe Schools Framework）」が2003年に策定され、2010年に各州教育大臣の合意によって改訂・承認された。これは、学校関係者が学校を安全で快適に過ごす効果的な手段を立案し、実行するためのガイドラインとなっている。このフレームワークは、生徒の安全、レジリエンス（逆境に打ちかつ力）、ウェルビーイングといった要素が学習成果と強く関連しているという認識の下で、学校関係者全員に対して安全な学校環境を構築し、維持するよう積極的な参加を促す。このフレームワークの実施を手助けするために、学校関係者は「セーフ・スクール・ハブ（Safe School Hub）」のウェブサイトから無料のリソースを入手することができる。これらのリソースには、学校が安全で支援体制の整った学習環境を構築し維持しているかを評価するための「学校監査ツール（School Audit Tool）」や、学校運営者、教師、専門職員、養成段階の教師向けの専門オンライン学習教材が用意されている。

チェコの基礎教育のカリキュラムには、現代社会に関連した6つの横断的テーマが採用されている。それは、1）個人と社会についての教育（PSE）、2）民主的市民の育成、3）欧州や世界の状況に関する研究、4）多文化教育、5）環境教育、6）メディア教育である。これらの学習は各分野を横断しているため、生徒は課題に対して総合的な視野を養い、幅広いスキルを適用することができる。たとえば「個人と社会について教育」のテーマには「個人の発展」「社会の発展」「道徳の発展」の3つの側面があり、言語とコミュニケーション、人間と世界、人間と社会、芸術と文化といった科目で指導が行われる。

米国では、1990年代以降、品格教育の実施が推進されている。1994年には米国議会が「品格教育プログラムの連携協定（Partnerships in Character Education Program）」を承認し、品格教育の発展を支援する州・地方教育機関

第5章　社会情動的スキルを強化する政策、実践、評価

への助成金拠出を開始した。教育省は1995年から2008年にかけて97件の助成金拠出を行った。このなかで、生徒たちが生活のなかで高い品格を持つことの重要性を学び、理解するような機会を立案し、実施し、維持する支援を行っている。さらに米国では、大半の州で品格教育を義務づけたり推奨したりする法令が制定されている。これらの州では、社会性や人格の成長のために、早くは幼稚園から、社会情動的スキルを学ぶ教育が一般のカリキュラムに組み入れられている。イリノイ州は、米国内で最初に、社会情動的学習プログラムの実施に向けた計画立案を全学校区に義務づけた。イリノイ州教育委員会の学習基準（幼稚園から第12学年（K-12)を対象）では、社会情動的スキルが項目として採用されており、社会情動的な学び（SEL）のなかで次のような指導をすることが目標に掲げられている。それは、1) 学校や生活で成功を収めるために自己認識や自己管理のスキルを養うこと、2) 良好な人間関係を確立し維持するために社会認識を持ち、対人関係スキルを用いること、3) 個人や学校や地域の文脈のなかで、意思決定のスキルや責任ある行動を示すことという3つである。

出典：Standing Council on School Education and Early Childhood (2013), "National Safe Schools Framework", http://www.safeschoolshub.edu.au/documents/nationalsafeschoolsframework. pdf.
Rámcový vzdělávací program pro základní vzdělávací (2007), www.vuppraha.cz/wp-content/ uploads/2009/12/RVPZV_2007-07.pdf.
US Department of Education (2005), "Character education ... Our shared responsibility", US Department of Education website, http://www2.ed.gov/admins/lead/character/brochure.html; Illinois Board of Education (n.d.), "Illinois Learning Standards: Social/Emotional Learning (SEL)", http://isbe.net/ils/social_emotional/standards.htm (accessed 10 September 2014).

　一部の国では、全教科を通じて社会情動的な学びを強化するため、新しいカリキュラムを準備している。たとえば、アイルランドでは2014年9月から、前期中等学校の生徒を対象に「ジュニア・サイクル・フレームワーク（Junior Cycle Framework)」という名の新カリキュラムが導入されているが、これは全教科を横断して社会情動的スキルの育成に重点を置いている。この新カリキュラムは、言語や数学の能力に加え、6つの「キー・スキル」の育成を特徴としている。それらは、1) 自己管理、2) 健康維持、3) コミュニケーション、4) 創造性、5) 他者との協働、6) 情報と思考の管理である。こうしたスキルは各

教科の学習成果の対象項目にもなっており、教師は、授業計画、教授法、学習評価にその育成を組み入れるよう推奨されている（Department of Education and Skills, 2012）。

学校の課外活動

　課外活動とは、主たる学習活動を補完するスポーツ、クラブ、生徒会、ボランティア、学級当番等の活動を意味し、生徒の社会情動的スキルを育成するために学校が提供できるもうひとつの活動領域である。こうした活動は、大人のまとめ役がメンターとなり、教室外の現実的な状況に対処する機会を生徒に提供する。生徒は活動を通して、責任感、忍耐力、チームワーク、自信などの社会情動的スキルに関連する能力を効率的に高めることができる。本節では、地域のスポーツクラブやカルチャーセンターなどの公共施設で提供される活動ではなく、主に学校で行われている活動に焦点を当てる。

調査対象のOECD諸国とパートナー諸国のすべてで、校内の課外活動が実施されている

　今回の調査では、OECD諸国とパートナー諸国のすべてで、校内の課外活動が実施されていることがわかった。PISA2012年調査における生徒の背景調査によると、OECD諸国では15歳の生徒の73%が、ボランティアや奉仕活動を実施する学校に通っている（図5.1）（OECD, 2013a）。同様に、彼らの90%がスポーツ系の課外活動を実施する学校に通い、数学コンテスト、芸術クラブ、演劇クラブがある学校に通う割合も60%以上だった。しかし、これら活動の実施状況は、国によって大きな差がある。国による違いは、教師がサポートできる時間など課外活動の支援に割り当てられるリソースの総量や、親の課外活動に対する実施要求の違いが反映されている可能性が大きい。国によっては、特定の課外活動が外部機関によって運営されているケースもある。

第5章　社会情動的スキルを強化する政策、実践、評価

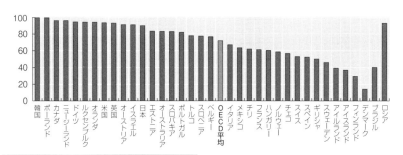

図5.1　ボランティアや奉仕活動の実施状況
ボランティアや奉仕活動を実施する学校に通う15歳の生徒の割合（％）

StatLink：http://dx.doi.org/10.1787/888933163837

注：ボランティアや奉仕活動を実施する学校に通う生徒の率が高い順に並べている。
出典：OECD（2013a），*PISA 2012 Results: What Makes Schools Successful（Volume IV）: Resources, Policies and Practices*, PISA, OECD Publishing, Paris, http://dx.doi.org/10.1787/9789264201156-en.

ほとんどの国では、学校や学区の裁量で課外活動が実施されている

　校内の課外活動をどのように実施するかは、国によって違いがある。大半のOECD諸国では、課外活動の実施に対して正式な決まりがなく、地方自治体または各学校の裁量に任されていることが多い。そのため、課外活動の実施範囲や内容については、国によっても、また、国のなかでもばらつきがある。

　たとえば、ルクセンブルクの地方教育行政では、国レベルのガイドラインに拘束されることなく、課外活動の目標を独自に設定している。ルクセンブルクではすべての学校が課外活動を実施しているが、その範囲と実施内容については、地方教育行政の定める目標に一致したものであること以外に特に制限はない。フランスでは2013年に、州政府からの財政支援の下で「地域教育プロジェクト（Projet éducatif territorial, PEDT）」と称される取り組みが始まり、各自治体に課外活動（スポーツ、文化、美術）の実施を義務づけた。この取り組みは、すべての生徒が文化やスポーツに平等にアクセスできるように、既存の課外活動と新しい課外活動の実施を促進する。そこには地方行政が主導し、中央政府、各種の協会、文化およびスポーツ機関といった教育界のステークホルダーが関与している。

一方、課外活動の実施時間や種類を定めた正式な全国ガイドラインを整備している国もある。たとえば、日本では、学校教育の不可欠な要素として課外活動が位置づけられている。日本の小学校のカリキュラム基準（学習指導要領）には、4つの特別活動（学級活動、児童会活動、クラブ活動、学校行事）について、学校が確保すべき最低時間が定められている。学校行事に関しては、遠足や修学旅行などの特別活動で徹底した集団行動を経験することにより、他者を尊重する精神を学ぶことができると提案されている。カリキュラムで指定されたこれら活動のほかにも、ほとんどの学校で生徒による校内の清掃活動が実施されている。この活動は清潔な学習環境を維持するというだけでなく、他者と協力し、規律を守ることを学ぶ機会を生徒に与えている。韓国でも課外活動に関する類似のガイドラインがあり、自制心を養う活動、クラブ活動、ボランティア活動、進路指導などを行う「創造的体験的学習活動」の時間が設けられている。

　正式な法的規則があるか否かを問わず、学校と地方教育行政当局は、カリキュラム内の各教科よりもはるかに自由に課外活動を計画することができる。つまり課外活動は、学校が社会情動的スキルを強化する実験的な活動を試すことのできる領域であると言える（コラム5.3）。課外活動では、教室（場合によっては学校）という物理的な境界、まとめ役や指導者に対する制約がさほど厳しくない。このため、高度な社会情動的能力が必要になる実生活に即した活動やシナリオを、柔軟に取り入れることができる。さらに、課外活動は、生徒が自らの学習活動を積極的に設計する意欲を高め、学校が地域社会とのつながりを強化する機会ももたらしてくれる。

コラム 5.3　社会情動的スキルを育成する校内の課外活動：各国の事例

　ドイツのバイエルン州では、2007年から中等教育にて「午後1時からのメンター・スポーツ（Mentor Sport nach 1）」というプロジェクトを実施している。こ

第5章　社会情動的スキルを強化する政策、実践、評価

のプロジェクトは、選ばれた生徒がクラスの友だちのメンター役になって、休み時間にバスケット、サッカー、ハンドボール、バレー、バドミントン、テニス、卓球、ジャグリング、ダンスといったスポーツ活動を教えるものである。学校側は、この活動を監督し支援する責任を負い、教師は必要に応じて生徒にアドバイスを与える。このプロジェクトは健康面だけでなく、生徒が当事者としての意識を高めることに焦点が当てられている。このため、学校全体の価値教育（values education）に重要な貢献をしている。

　ルクセンブルクでは、中等学校36校のうち17校が「ピア・メディエーション（Peer Mediation）」プログラムを導入している。このプログラムでは、生徒たちが校内で発生する生徒間の対立を仲裁する方法を学ぶため、ボランティアで外部機関の研修に参加する。研修は、教育省との連携でナショナル・ユース・サービス（National Youth Service）が提供する。ここでは、コミュニケーションの改善、対立や暴力の性質の深い理解、仲裁プロセスのシミュレーションなどを指導し、仲間とともに基本的なテクニックや姿勢を学ぶ。研修の期間は42時間で、週末の課題として、もしくは「課外活動（activité parascolaire）」として実施される。研修の終了後は、大人が監督者となり、校内のグループのなかで定期的に仲裁を行う。生徒は仲裁スキルに加えて、日常生活で起こる対立や暴力に対処する術を学ぶことができる。そのため、このプログラムは対立を処理する方法を教えるだけでなく、生徒の対人関係スキルや自尊心を養い、地域社会への積極的関与を奨励する機会にもなっている。

出典：Bayerisches Staatsministerium für Unterricht und Kultus (2007), Leitfaden für Schulleiter und Mentorenbetreuer, Druckhaus Schmid, Jesenwang.
Peermediation (2014), Peermediation website, www.peermediation.lu/ (accessed 10 September 2014).

評　価

　生徒のスキルをさらに伸ばすために何が必要かを把握し、学校における指導方法を改善していくには、生徒の社会情動的スキルの実態を理解することが重

要となる。教師は、社会情動的な学びを支援する目的で、特定の行動や態度を褒めるようなフィードバックを生徒に行う。ただし、社会情動的スキルの評価は、各教科の学業成績に対する評価よりもわかりにくい傾向がある。このため、適切なフォローアップができていないと、教師のフィードバックが生徒の自尊心にマイナスの影響を及ぼすことになりかねない。

OECD諸国とパートナー諸国の多くは、社会情動的スキルを評価するためのガイドラインを整備している

　国や地方教育行政の多くは、標準化された尺度で社会情動的スキルを評価することを学校に求めてはいないが、スキルを評価するためのガイドラインを提供している（表5.4）。一般的に、生徒の社会情動的スキルのアセスメントは、生徒の進級や能力認定、または教師評価を意図したものではない。むしろ、教師と生徒が自らの社会情動的スキルの長所と弱点を見極めることができるよう、形成的評価として実施されることが多い。

　学期末の成績表に社会情動的スキルの評価を取り入れている事例は、多くの国で見受けられる。たとえば、カナダのオンタリオ州では、「学習スキルと学習習慣」の評価が、各教科の成績とは分けられるかたちで成績表に記載されている。学習スキルと学習習慣は、責任感、組織をまとめる力、一人で作業する力、コラボレーション、主体性、自制心の6カテゴリーに分類されており、教師は各カテゴリーを4段階（優、良、可、要改善）で評価する。第1学年から第8学年までの成績表では、各教科の目標達成度を報告する欄の前に、学習スキルと学習習慣の発達について記入する欄が設けられている。また、第9学年から第12学年については、教科ごとに学習スキルと学習習慣を評価する欄が設けられている。

　社会情動的スキルの評価は、さまざまな場面で生徒の日々の行動を教師が観察し、判断するかたちで行われることが多い。場合によっては、教師が社会情動的スキルを評価するための特別なツールを使用することもある（コラム5.4の事例参照）。生徒が自らの社会情動的スキルを強化できるように、自己評価

148

第5章　社会情動的スキルを強化する政策、実践、評価

表5.4　社会情動的スキルの評価に対する各国のアプローチ
初等学校および前期中等学校レベルの教育

	社会情動的スキルの評価に関する 国（または地方政府）のガイドライン	一般的な成績表における 社会情動的スキルの評価
オーストラリア	●	●
オーストリア	●	..
ベルギー（フランドル地域）	..	●
ベルギー（フランス語地域）[2]	●	x
カナダ（オンタリオ州）[1]	●	●
チリ	●	●
チェコ	●	●
デンマーク	●	..
エストニア	..	●
フィンランド	●	●
フランス	●	●
ドイツ（ノルトライン＝ヴェストファーレン州）[1]	●	●
ギリシャ	●	●
ハンガリー	●	●
アイスランド[2]	●	x
アイルランド	●	●
イスラエル	●	●
イタリア	●	●
日本	●	●
韓国	●	●
ルクセンブルク	..	..
メキシコ	..	..
オランダ	..	..
ニュージーランド	..	●
ノルウェー	●	●
ポーランド	●	●
ポルトガル	..	●
スロバキア	●	●
スロベニア	●	..
スペイン	..	..
スウェーデン[3]	..	x
スイス（チューリッヒ州）[1]	●	●
トルコ	●	●
英国（イングランド）[1]	..	●
米国（カリフォルニア州）[1]	●	●
ブラジル	●	●
ロシア	..	..

StatLink：http://dx.doi.org/10.1787/888933163879

注：● 実施；.. 実施されていない；x 該当なし

1. カナダ、ドイツ、スイス、英国、米国では、地方政府が教育政策を所管している。そのため、本表に含まれる情報は、各国にて最も人口密度の高い地域の状況を反映したものとなる。

2. ベルギー（フランス語地域）とアイスランドでは、成績表における社会情動的スキルの評価記入は任意での実施である。

3. スウェーデンでは、成績表が使用されていない。

出典：本表は、OECDによる国別アンケートおよび机上調査に基づき作成されたものである。

を奨励している国もある。アイルランドでは、社会や個人、健康について学ぶ科目のなかで、自己評価が用いられている。また、中等学校では、自己評価を補完する形で一定基準に基づく生徒同士の相互評価が実施されている。

コラム 5.4 学校が社会情動的スキルを評価するツール：各国の事例

カナダのブリティッシュコロンビア州では、教育省が「社会的責任」についての能力基準を開発し、学校はこれを任意で利用できる。この基準には、1）学級と学校への貢献、2）平和的な方法による問題解決、3）多様性の尊重と人権の擁護、4）民主的権利と責任の実行という4つの評価カテゴリーがある。年齢層は4段階（幼稚園児から第3学年、第4学年から第5学年、第6学年から第8学年、第8学年から第10学年）に区分され、教室内外での経過的かつ累積的な観察に基づいて評価が行われる。

ベルギーのフランドル地域では、初等学校児童の学級参画やウェルビーイングの状況を測定するツールが用意されている。最も一般的に使用されているツールは、体験型教育センター（Centre for Experience-based Education, CEGO）が開発したものである。各学校は、児童の行動（主体的に行動すること、周囲の出来事に寛大なこと、自信を持つことなど）を評価する際に、この測定法を使用することができる。

米国のイリノイ州では、社会情動的な学びの目標に関する基準を事前に定義し、具体的な尺度やパフォーマンスの記述を提供している（コラム5.2）。パフォーマンスについての記述は、教師が社会情動的スキルを育成するカリキュラムを立案したり、生徒を評価するのに役立てることができる。K-12向けの基準はイリノイ州早期学習基準（Illinois Early Learning Standards）と一致しているため、幼児期から青年期にかけての社会情動的な学びの継続性が制度的に保証されている。

出典：British Columbia Ministry of Education (n.d.), "BC Performance Standards – Social Responsibility: A Framework", Ministry of Education website, www.bced.gov.bc.ca/perf_stands/social_resp.htm (accessed 10 September 2014).
CEGO (n.d.), Centre for Experience-based Education website, www.cego.be (accessed 10 September 2014).

第5章　社会情動的スキルを強化する政策、実践、評価

教育システムの改善に向けて、生徒の社会情動的スキルの調査を行う国がある

　一部の国では、自国の教育システムを評価するために、国レベルで生徒の社会情動的スキルの状況を調査している。こうした調査は、生徒または教師に個別のフィードバックを提供することを意図したものではなく、学校、地域、国レベルの教育システムの状況を理解する目的で行われている。収集されたデータは、教育システムの長所や短所を特定し、今後の改善に向けた提案を行うために分析される。そのような調査には、第3章と第4章で検証した縦断研究（コラム3.1）も含まれる。コラム5.5では、ニュージーランドとノルウェーの別の事例を紹介する。

コラム 5.5　社会情動的スキルの評価を含む国家調査

　ニュージーランドでは、中等学校生徒の健康やウェルビーイングに関する国家調査の一環として、学校風土調査が実施されている。2012年、調査対象校として全国から91校が無作為に選択された。学校風土調査は、生徒と教職員に対するサポート体制、教職員と生徒の関係性、生徒と教職員の安全性など、学校の社会的環境を把握することを目的としている。たとえば、教員向けアンケートの生徒に関する質問項目には、「他者の気持ちに敏感な態度」（例：担当学級の生徒は、通常、自分と違う意見も尊重している）、「他者を邪魔する態度」（例：担当学級の生徒は、通常、他者の行為を邪魔しようとする）、「他者に対する友好的な態度」（例：大半の生徒は教職員と友好的に接している）などが含まれる。生徒向けアンケートにも学校の風土に関するいくつかの質問が含まれる（例：あなたの学校では、次のようなことがどれくらいあてはまりますか？――この学校の生徒は、互いにあまり仲良くすることができない）。

　ノルウェーでは、初等学校と中等学校の各学年を対象に、校内における社会的・情動的な満足度を評価する「生徒調査（Pupil Survey）」が実施されている。ノルウェー教育訓練局（Norwegian Directorate for Education and Training）は生徒調査、教員調査、保護者調査といった学校を利用するユーザー調査を行い、学校での勉強や楽しさについて彼らが意見を表明する機会を与えている。ユーザー調査の結果は、学校の学習環境を分析、改善する目的で使用される。生徒対象

のアンケートには、「学校は楽しいですか」「休み時間に一緒に過ごすクラスメートがいますか」「学校での勉強に興味がありますか」などの質問項目が含まれている。

出典：The University of Auckland (n.d.), "Youth'12 – survey conducted in 2012", The University of Auckland website, https://www.fmhs.auckland.ac.nz/en/faculty/adolescent-health-research-group/youth2000-national-youth-health-survey-series/youth2012-survey.html (accessed 10 September 2014).
Norwegian Directorate for Education and Training (n.d.), "Information for pupils, teachers and parents", http://www.udir.no/Upload/Brukerundersokelser/Informasjonsbrev/Informasjon-Elevundersokelsen-engelsk.pdf (accessed 10 September 2014).

地方や学校レベルでの取り組み

教育活動を通じて社会情動的スキルを高めるには、地方が主導して動くことが重要である

　国および地方政府レベルの政策のほかにも、地元の政策立案者、学校運営者、非政府組織といった地方レベルの主導者が中心になる例が数多く存在する。こうしたプログラムは、地域に根差した効果的なやり方で教育活動の質を改善すべく、多様な教育関係者が直接的に関与するという特徴がある。コラム5.6では、リオデジャネイロ（ブラジル）、オタワ（カナダ・オンタリオ州）、ヴェルサイユ（フランス）におけるプログラムの事例を紹介する。

コラム 5.6　社会情動的スキルに関する教育活動を地方や地域が主導する実践：各国の事例

　ブラジルのリオデジャネイロ州では、後期中等教育の総合モデルをつくるために、2008年に「デュアル・スクール・モデル（Dual School Model）」が創設された。このモデルでは、認知的スキルや社会情動的スキルの育成が重視されており、労働市場に対する展望や市民としての社会参画を改善するうえで不可欠とさ

第5章　社会情動的スキルを強化する政策、実践、評価

れる姿勢や価値観が育まれる。リオデジャネイロ市のチコ・アニシオ公立学校は、このプログラムを最初に導入した学校のひとつで、アイルトン・セナ財団とリオデジャネイロ州教育省が指導している。この全日制プログラムには、労働市場や社会生活、高等教育で必要となる専門的スキルや社会的スキルを育成することを目的としたカリキュラムが採用されている。教師は、統合的指導法、専門的・教育的支援に焦点を当てた研修コースを受講することができる。同校では、学際的なプロジェクトを通したリーダーシップと自主性の指導、学習スキルと社会情動的スキルの双方を伸ばすバランスのとれた指導、デジタル技術の利用に関する指導に力を入れている。マーケティングやビジネスのセミナーもカリキュラムに含まれ、スポーツ推進にも力を入れている。

　カナダでは、オタワのカールトン地区教育委員会が、中等学校の全生徒が卒業前に取得すべき「最終成果（Exit Outcome）」と称される能力と人間性を定義している。これらは、生徒のウェルビーイングを強化し、能動的な市民意識を涵養するうえで不可欠なスキルとみなされている。この「最終成果」は第2章に記載したフレームワークと大まかに整合しており、幅広い認知的スキルと社会情動的スキルが網羅されている。このプログラムは、生徒がレジリエンス（逆境に打ちかつ力）、グローバル意識、協調性、革新性／創造性、目標志向といった資質を備えることを推奨する。このほかに最終成果には、批判的思考力、効果的なコミュニケーション、学業面での多様性、デジタル技術への精通、倫理的な意思決定などが含まれる。同教育委員会はこれらの目標を達成するため、カリキュラムに各スキルの指導を取り入れており、教師には関連の研修および学習機会を提供している。この取り組みは、地元の教育界と産業界から強固な支援を受けつつ、生徒コミュニティとの連携で開発されている。

　フランスでは2005年以降、教育行政の決まりに従って、学校が独自に実験的な教育プログラムを開発できるようになった。たとえば「身体で表現：ラヴェルのボレロ（Raconte en corps : Le Boléro de Ravel）」は、ヴェルサイユ市の学校ネットワーク「マルセル・パニョル（Marcel Pagnol）」が2012年に実施した地方独自の教育プログラムである。初等学校と前期中等学校において、生徒だけでなく保護者と教師も関わり、活動を通してさまざまなスキルを身につけることができる。そのスキルとは、（言語ベースの振付創作を通した）言語運用と身体制御、（身体活動を通した）音楽文化と体育、そしてテクノロジーに関連するものである。

153

こうした活動には、生徒が世代を超えて意見交換をする機会を増やし、相手の言うことを注意深く聞き、協働作業に積極的に参加する姿勢を養い、批判的思考力の発達を促し、恵まれない状況にある生徒の達成感や自信を高めるといったねらいがある。学校ネットワークのコーディネーターは、ワークショップに参加し、生徒が書いたものを分析し、教師や関係者と緊密に連携して、プログラムの日常的な評価を行う。

出典：Académie de Versailles (2012), "Raconte en corps : le Boléro de Ravel", http://www.ac-versailles.fr/public/jcms/p1_147748/raconte-en-corps-lebolero-de-ravel (accessed 10 September 2014).
OCDSB (2013), "Exit outcomes", Ottawa-Carleton District School Board, Ottawa, Canada; Educação para o Século 2 (2013), "Chico Anysio High School", Instituto Ayrton Senna, http://educacaosec21.org.br/colegio-chico-anysio/.

　　多くのOECD諸国とパートナー諸国は、子どもの社会情動的スキルの発達を低年齢から推進する独自の教育プログラムを採用しており、それらは標準カリキュラムの代替として機能している。そのほとんどは、認知的スキルやウェルビーイングを高めるような社会情動面の発達を強く意識し、それによって、ほかの教育プログラムとの違いを明確にしている。モンテッソーリ学校やシュタイナー学校は、この点で先導的な実践を行っている。たとえば、モンテッソーリ教育は、主に幼児教育と初等教育を対象に、子どもの自主性、自信、自尊心、創造力を育成することを重視している。これらのスキルは、学習のなかに遊びを取り入れることや、直接的な指示ではなく実践を通して学ぶこと、自分や周囲に対する配慮を学ぶことによって育まれる。モンテッソーリ教育や同様のプログラムは、正確かつ長期的な評価が十分ではない。しかし、調査結果からは、子どもの認知能力を育み、肯定的な感情、エネルギー、意欲を高める教育法であることが示唆されている（Dohrmann *et al.*, 2007参照）。

第5章　社会情動的スキルを強化する政策、実践、評価

課外活動を通じた社会情動的スキルの育成では、地域の取り組みが重要な役割を果たす

学校と地域社会の連携は、生徒が課外活動に参加しやすい状況を生み、地域社会への関心を高めるため、社会情動的な学びの機会を増やす。最近では、高等教育機関や企業、地域コミュニティなどの外部ステークホルダーが積極的に学校と連携して、こうした教育プログラムを強化する動きが広がっている。コラム5.7では、デンマークと英国の事例を紹介する。

コラム 5.7 課外活動を通して社会情動的スキルを育成するために、学校と地域社会の連携を進める取り組み：各国の事例

デンマークでは、課外活動の状況を改善するため、学校と地域社会の連携を強化するような公立学校改革が2014年に行われた。この改革は地元のスポーツクラブ、カルチャーセンター、美術・音楽学校、各種協会などを巻き込んでおり、各学校にはそれらの地域社会と連携することが義務づけられる。地方自治体にも、学校と地域社会の連携を確かなものとする努力が求められる。

英国では、シノット財団が「アウトワード・フェーシング・スクールズ (Outward-facing Schools)」プログラムを展開している。このプログラムは、中等学校の教育指導者に研究奨励金を提供することで、学校が地域社会・保護者とのつながりを強める支援を行う。彼らが主導する取り組みによって地元団体や企業との積極的な連携が進められており、生徒に地域奉仕活動（介護施設でのボランティア活動や地元の小学校での指導）の機会が提供されている（Bubb, 2011）。

出典：Danish Ministry of Education (2014), "Improving the public school", http://eng.uvm.dk/~/media/UVM/Filer/English/PDF/140708%20Improving%20the%20Public%20School.ashx.
Bubb, S. (2011), Outward-facing Schools: The Impact of the Sinnott Fellowship, DFE-RR139, London.

さらにOECD諸国では、数多くの学校が、社会情動的スキルの育成を目指す革新的で独自の取り組みを行っている（OECD, 2013b）。これらの取り組みには、メンタルトレーニング、武道、登山などを通して注意をコントロールす

155

る能力を向上させる活動や、研修、ロールプレイ、リラクゼーションなどを通してコミュニケーション力やソーシャルスキルを向上させる活動が含まれており、体系的かつ視覚的に社会的な学習を評価することを可能にしている。

結　論

OECD諸国とパートナー諸国の多くは、社会情動的スキルを育成する必要性を認識している。一般的に、その見解は国や地方政府レベルの政策で表明され、子どもたちの主体性、責任感、他者と協力する能力を育成する重要性が強調されている。社会情動的スキルは教科のなかや教科を超えて国や地方政府のカリキュラムに反映されており、生徒への指導が行われている。さらに、大半の国の学校では、社会情動的スキルを強化するため、多様な課外活動が導入されている。

各国は、通常、社会情動的スキルを評価するためのガイドラインを準備しており、学校は学期末の成績表で評価した結果を報告することが多い。しかし、教育システムのなかで社会情動面での成長を強化する具体的な方法を提供している事例はさほど多くない。社会情動的スキルをいかに学校で指導するべきかについての明確かつ実践的な指針は、必ずしもナショナル・カリキュラムが提供しているわけではないのだ。こうした状況は、学校や教師が自分たちの指導を柔軟に計画できる反面、効果的に社会情動的スキルを教える技術がない教師たちを支援することができない。数学や国語などの中心的な教科で良い成績をあげてもらおうと指導に四苦八苦している教師にとっては、とりわけ難しい状況だといえる。

法令やカリキュラムを作ることは学校環境を整える手段のひとつかもしれないが、成功例や文献に見出せるエビデンスをもとにして既存のガイドラインを強化することも有効だ。特定の学校区や学校での取り組み事例を集めることは、社会情動的スキルに関連する情報を体系的に入手する有益な手段であり、より良い教授法や指針を必要とする学校を特定することにもつながる。

第5章　社会情動的スキルを強化する政策、実践、評価

　検証すべき有望な教授法や学習状況は、すでに数多く存在する（第4章）。教育関係者と研究者がこうした情報を体系的に交換することで、ほかの学校が類似の実践を試みるきっかけとなり、エビデンスの数の拡充にも寄与することができる。生徒の社会的文化的背景は多岐にわたるため、あらゆる状況に対応可能な唯一の解決策は存在しないかもしれない。しかし、より広範な状況に使える有望な教育戦略を特定し拡張することで、効果的かつ効率的に社会情動的スキルを育成する教育システムが実現できるのではないだろうか。

注

1. 「社会情動的スキルに関する政策と実践（Policies and Practices related to Social and Emotional Skills)」に関するアンケートは、OECD教育研究革新センター（CERI）の運営委員会メンバーおよびブラジル、ギリシャ、ロシアの代表宛に、2013年11月に送付された。回答は、オーストラリア、オーストリア、ベルギー（フランドル地域）、ベルギー（フランス語地域）、カナダ、チリ、チェコ、デンマーク、エストニア、フィンランド、フランス、ギリシャ、アイルランド、イスラエル、日本、韓国、ルクセンブルク、オランダ、ニュージーランド、ノルウェー、スロバキア、スロベニア、スペイン、スウェーデン、スイス、トルコ、英国（イングランド）、米国、ブラジル、ロシアから受理した。第5章の図については、2014年9月に各国の担当者がその妥当性を確認した。

参考文献・資料

Académie de Versailles（2012），"*Raconte en corps: le Boléro de Ravel*"，http://www.ac-versailles.fr/public/jcms/p1_147748/raconte-en-corps-le-bolero-de-ravel（accessed 10 September 2014）.

Bayerisches Staatsministerium für Unterricht und Kultus（2007），*Leitfaden für Schulleiter und Mentorenbetreuer*，Druckhaus Schmid, Jesenwang.

British Columbia Ministry of Education（n.d.），"BC Performance Standards – Social Responsibility: A Framework"，Ministry of Education website, www.bced.gov.bc.ca/perf_stands/social_resp.htm（accessed 10 September 2014）.

Bubb, S.（2011），*Outward-facing Schools: The Impact of the Sinnott Fellowship*，DFE-RR139, London.

CEGO(n.d.), Centre for Experienced-based Education website, www.cego.be(accessed 10 September 2014).

Danish Ministry of Education (2014), "Improving the public school", http://eng. uvm.dk/~/media/UVM/Filer/English/PDF/140708%20Improving%20the%20 Public%20School.ashx.

Department of Education and Skills (2012), "A Framework for Junior Cycle", Department of Education and Skills, Dublin.

Dohrmann, K. R. *et al.* (2007), "High school outcomes for students in a public Montessori program", *Journal of research in childhood education*, Vol. 22. (2), pp. 205-217.

Educação para o Século 2 (2013), "Chico Anysio High School", Instituto Ayrton Senna, http://educacaosec21.org.br/colegio-chico-anysio/.

Illinois Board of Education (n.d.), "Illinois Learning Standards: Social/Emotional Learning (SEL)", http://isbe.net/ils/social_emotional/standards.htm (accessed 10 September 2014).

Israel Ministry of Education (2008), "Life skills in primary schools"[in Hebrew], Ministry of Education, http://cms.education.gov.il/EducationCMS/Units/Shefi/ KishureiChaim/meytaviyut/KishureiHaimLeYesody.htm.

Lapsley, D. and D.S. Yeager (2012), "Moral character education", in W.M. Reynolds, G.E. Miller and I.B. Weiner (eds.), *Handbook of Psychology: Vol. 7. Educational Psychology*, 2nd ed., John Wiley and Sons, Inc., New Jersey.

National Youth Policy Institution (2009), "Introduction to creative activities", Ministry of Education, Science and Technology Notice 41, National Youth Policy Institutions, Seoul, Korea, www.nypi.re.kr/eng/data/2010/creative_activities.pdf.

Norwegian Directorate for Education and Training (n.d.), "Information for pupils, teachers and parents", http://www.udir.no/Upload/Brukerundersokelser/ Informasjonsbrev/Informasjon-Elevundersokelsen-engelsk.pdf (accessed 10 September 2014).

OCDSB (2013), "Exit outcomes", Ottawa-Carleton District School Board, Ottawa.

OECD (2013a), *PISA 2012 Results: What Makes Schools Successful (Volume IV): Resources, Policies and Practices*, PISA, OECD Publishing, Paris, http://dx.doi. org/10.1787/9789264201156-en.

OECD (2013b), *Innovative Learning Environments, Educational Research and Innovation*, OECD Publishing, Paris, http://dx.doi.org/10.1787/9789264203488-en.

Peermediation (2014), Peermediation website, www.peermediation.lu/ (accessed 10

第5章　社会情動的スキルを強化する政策、実践、評価

September 2014).

Rámcový vzdělávací program pro zakladni vzdělávací (2007), *Rámcový vzdělávací program pro zákládní vzdělavani*, www.vuppraha.cz/wp-content/uploads/2009/12/RVPZV_2007-07.pdf.

Standing Council on School Education and Early Childhood (2013), "National Safe Schools Framework", http://www.safeschoolshub.edu.au/documents/nationalsafeschoolsframework.pdf.

The University of Auckland (n.d.), "Youth'12 – survey conducted in 2012", The University of Auckland website, https://www.fmhs.auckland.ac.nz/en/faculty/adolescent-health-research-group/youth2000-national-youth-health-survey-series/youth2012-survey.html (accessed 10 September 2014).

UK Department for Education(2013), "Personal, Social, Health and Economic(PSHE) Education, Department for Education", www.gov.uk/government/publications/personal-social-healthand-economic-education-pshe/personal-social-health-and-economic-pshe-education.

US Department of Education (2005), "Character education ... Our shared responsibility", US Department of Education, www.ed.gov/admins/lead/character/brochure.html.

付録5A

社会情動的スキルの育成に向けた取り組み：
教育制度の目標とスキルフレームワーク
（国・地域別）

　本付録では、OECD加盟各国・地域における社会情動的スキル育成に向けた取り組みを紹介する。「教育制度の目的」は、国と地域の教育制度の目的からの抜粋からなり、国が定める教育関連の法律またはその他の基礎教育に関する政策上の表明事項のなかで示されているものである。「ナショナル・カリキュラムのスキルフレームワーク」は、国が定めるカリキュラムのフレームワークの抜粋からなる。社会情動的スキルとの関連がみられる用語は、**太字**で表記している。

オーストラリア

教育制度の目的

　オーストラリアの学校制度は優れた質と、高度な公正性を有することが肝要であり、それにより、オーストラリアの青少年が優秀な学習者となり、**自信と創造性に満ちた個人となり、積極的かつ良識ある市民となる**よう育成しなければならない。
──オーストラリア教育法 2013年（Australian Education Act 2013）

ナショナル・カリキュラムのスキルフレームワーク

　F-10カリキュラムでは7つの一般能力を対象とし、全学習領域に組み込まれている。その一般能力とは：

- 読み書き
- 数学の基礎知識
- 情報通信技術（ICT）に関する能力
- 批判的・創造的思考力
- 個人的・社会的な力
- 倫理的判断力
- 異文化理解力

──オーストラリアのカリキュラム（Australian Curriculum）
www.australiancurriculum.edu.au/f-10-curriculum/general-capabilities/

オーストリア

教育制度の目的

　青少年は、健康的で、有能で、**誠実、かつ責任感ある**社会の一員であると同時に、民主的な連邦国家であるオーストリア共和国の国民となるよう教育されるものとする。彼らは**主体的判断力と社会的理解力**を伸ばし、他者の考え方や政治的信条に対して寛容な精神を持つように促されるものとし、また、オースト

付録5A　社会情動的スキルの育成に向けた取り組み：教育制度の目標とスキルフレームワーク（国・地域別）

リア、欧州、ならびに世界の経済的および文化的な生活に参加し、自由と平和
を尊重して人類の共通課題に貢献できるようにしなければならない。

――学校組織法 1962年、Brock and Tulasiewicz（2002）「単一欧州の教育」内の翻訳からの抜粋（School
　Organisation Act 1962, translation taken from Brock and Tulasiewicz（2002）"Education in a
　single Europe"）

ナショナル・カリキュラムのスキルフレームワーク

　小学校のカリキュラムによれば、子どもたちは社会的、情動的、知的、およ
び身体的な領域で、基本的、かつバランスのとれた教育を受けるべきとされて
いる。各児童の背景に応じ、小学校では以下のことを実現しなければならない。

- 学習する意欲、スキル、関心、および才能を刺激し、養う。

- 自らの能力に対する児童の自信を高め、育む。

- 社会的能力（責任ある行動、チームワークの精神、適応能力、規則や規範の
  考案・受容能力、批判的思考力）を強める、または培う。

- 言語能力（コミュニケーション能力、表現力）を向上させる。

- 3つのRの習得を視野に入れた基本的知識、スキル、洞察力、態度（子どもの
  発達に配慮した適切な方法による最新の情報通信技術の活用を含む）、および
  環境に対する健全な態度と理解力を育成し、伝達する。ならびに芸術、音楽、
  および技術に関するスキル、運動スキル、身体的スキルを総合的に育成する。

- 学習や仕事を行うために適した態度（**粘り強さ、注意深さ、正確さ、協力、気
  遣い**）を段階的に育成する。

- （就学前教育における遊び中心の学習形態から）意図的、自主的かつ明確な学
  びへと移行する。

――Lehrplan der Volksschule, Erster Teil, Allgemeines Bildungsziel, Stand: BGBl. II Nr. 368/2005,
　November 2005, Erster Teil: Allgemeines Bildungsziel
https://bildung.bmbwf.gv.at/schulen/unterricht/lp/lp_vs_erster_teil_14043.pdf?61ec09
https://webgate.ec.europa.eu/fpfis/mwikis/eurydice/index.php/Austria:Teaching_and_Learning_in_
　Primary_Education

ベルギー（フランドル地域）

教育制度の目的

　教育を通して、寛容、多才、力強い人格が形成されるべきである。広範な基礎教育を受けることで、子ども、ならびに青少年は自らの将来を確実に定めることができるようになる。それゆえ、教育を通し、**社会的スキル**、創造性、好奇心、健康、批判的思考力、**尊重する心**、勤勉さ、自律心、肯定的な自己像、および**自発性**を養うものとする。

――教育政策に関する書簡 2013～14年（Education Policy Letter 2013-14）

ナショナル・カリキュラムのスキルフレームワーク

　1997年、フランドル政府は、就学前の子どもの成長に望ましい、達成可能な最低限の目標（*ontwikkelingsdoelen*）を承認した。この目標は、教育に対する広範で調和のとれたアプローチを重視し、以下に示す関連し合う3つの教育分野を定めている。

- 個人の特性：肯定的な自己像を有し、意欲的で、自ら進んで物事を行うこと。
- 総合的な育成：コミュニケーションをとり、協調すること、自律心を持つこと、創造的かつ課題解決の手法を用いて取り巻く世界に対応すること、自らの方針を持って勉学に励むこと。
- 具体的スキル：体育、表現芸術、言語、環境についての学習、および数学。

――*Ontwikkelingsdoelen voor het gewoon basisonderwijs* 2010、OECD（2000）「ベルギー・フランドル地域における幼児教育と保育に関する政策（Early Childhood Education and Care Policy in the Flemish Community of Belgium）」内の翻訳からの抜粋

ベルギー（フランス語地域）

教育制度の目的

　基礎、および中等教育で掲げる共通目標を以下に示す。

- すべての児童・生徒の自信を高め、個人としての成長を促す。

164

付録5A 社会情動的スキルの育成に向けた取り組み：教育制度の目標とスキルフレームワーク（国・地域別）

- すべての児童・生徒が生涯にわたって学習に取り組み、経済的、社会的、および文化的生活で積極的役割を担うために必要な知識と能力を身につけられるようにする。
- **責任ある市民の育成を期し、すべての児童・生徒が民主主義的で、支え合い、多元的で、異文化に寛容な社会に寄与するための準備を図る。**
- すべての児童・生徒に社会的成功を収める機会を平等に与える。

——目標に関する法令 1997年7月24日（Missions Decree of 24 July 1997）

ナショナル・カリキュラムのスキルフレームワーク

スキルに関する基準とさまざまな施策（就学前、初等、および中等）において、社会的スキルは重要である。

——能力の基盤（*Les Socles de compétences*）

カナダ（オンタリオ州）

教育制度の目的

教育の目的は、学生に自らの潜在的な能力に気づく機会を与え、高いスキルを有し、幅広い知識を備え、思いやりのある市民として自らが属する社会に寄与できるよう育成することである。

——オンタリオ州教育法 1990年 O.1（2）（Education Act of Ontario 1990 O.1（2））

我々の新しい教育の目標を以下に示す。

- 卓越性の追求：どの年齢の子ども、学生も、高水準の学業成績を達成し、価値あるスキルを身につけ、善良な市民としての資質を行動によって示す。教育者たちは継続的な学びの支援を受け、世界でも有数と認められるようにする。
- 公平性を確保すること：すべての子どもと学生は、出生時から成人に至るまで継続して利用できる豊富な学習経験を通し、自らの潜在能力を余すところなく発揮するよう意欲づけられる。

- ウェルビーイングを促進すること：すべての子どもと学生は、精神的および身体的に高水準で健康になり、**肯定的な自意識と帰属意識**を養い、前向きな選択を行うスキルを伸ばす。
- 国民の信頼を高めること：自信、能力、および思いやる心を有した新たな世代の市民を育成することに寄与する公的資金による教育制度を、オンタリオ州民が今後も信頼し続けるようにする。

―― 卓越性の追求：オンタリオ州の教育に関する新しいビジョン 2014年（Achieving Excellence: A Renewed Vision for Education in Ontario, 2014）

ナショナル・カリキュラムのスキルフレームワーク

OECD事務局は、該当する情報を特定することができなかった。

■■■ チ リ ■■■

教育制度の目的

（第2条）

教育とは、人生のさまざまな段階にわたる生涯学習プロセスであり、価値観、知識、スキルの伝達と育成を通し、精神的、**倫理的**、**道徳的**、**情動的**、知的、芸術的、および身体的な成長を目的としている。教育は、人権と基本的自由、多文化と平和、および我が国の多様な国民意識を尊重、評価して組み立てられており、生涯にわたり自らの可能性を最大限に発揮し、**責任感**、**寛容さ**、**同情心**、**民主主義を守る心**、および**積極性**を持って共同体の中に生き、参加し、国の発展のために働き寄与するよう教育を受ける者を導くことによりその目的を実現する。

（第19条）

基礎教育の教育段階では、身体的、**情動的**、認知的、**社会的**、文化的、**道徳的**、および精神的な側面における児童・生徒の統合的な育成を期し、本法律に準じ定められたカリキュラム基盤において明示される知識、スキル、および態度に従い能力を育成し、児童・生徒が引き続き教育課程にとどまることを可能

付録5A　社会情動的スキルの育成に向けた取り組み：教育制度の目標とスキルフレームワーク（国・地域別）

にするものである。

（第29条）

　基礎教育は世界的な目的を備えるものとするが、各目標は必ずしも学習者が以下の知識、スキル、態度を発達させることを主眼とするとは限らない。
個人的、および社会的な領域で：

a）道徳的、精神的、知的、**情動的**、および身体的な領域で年齢に応じた成長を図ること。

b）**肯定的な自尊心と自信を培うこと。**

c）平和的かつ市民的共存の価値観と規範に従って行動し、自らが持つ権利と責任について知り、自らと他者に対して責任を負い、そのために生じる制約を受け入れること。

d）文化的、宗教的、民族的な多様性、および国民間の相違、ならびに男女同権を認識したうえで尊重し、**他者に対して共感する力を養うこと。**

e）**努力をし、粘り強く、責任感を持ち、失敗にも寛容さを持ちながら個人としてもチームの一員としても働くこと。**

f）自らの関心と適性に合わせて身体活動を実践すること。

g）衛生習慣、身体および健康管理の習慣を身につけること。

——2009年一般教育法　法律第20370号（非公式翻訳）（General Education Law of 2009, Law No. 20370（unofficial translation））

ナショナル・カリキュラムのスキルフレームワーク

　国が定める基礎教育のためのカリキュラムには、身体的な側面、**感情的な側面**、認知的な側面、**社会文化的な側面**、道徳的な側面、精神的な側面、**生産性と作業**、および情報技術を含む横断的な学習目標（OAT）が設定されている。

　●感情的な側面では、人格の形成、および**自尊心と自負心**の強化、**友情関係**の構築ならびに家族や仲間が持つ役割の評価、および自らの行動と生活が持つ意味の省察を通し、児童・生徒の成長、ならびに個人としての発達を促すことを目指している。

167

- 社会文化的な側面では、**環境に配慮し、社会的な責任に対して高い意識を持つ民主的な社会を形成する一市民**として人を位置付けている。さらに、他者を尊重する心、および紛争の平和的な解決、環境に対する知識と認識に基づき、社会的な共生の意識を向上させる能力の育成を目指している。
- 積極性と取り組みの側面では、**努力と忍耐を持ち**、知識に対して関心を示したり関与したりする心を培い、**質の高い結果を出すことを約束し、それと同時に自らの自発性と独創性を発揮および発展させることを優先して、個人として、また他者と協調して物事に取り組む能力を養う。**

——カリキュラム基盤 2013年（非公式翻訳）（*Bases Curriculares 2013*（unofficial translation））

チェコ

教育制度の目的

教育制度は、特に以下のことを一般的な目標として掲げている。

a) 個人ならびに市民としての生活のための、職業または労働の任務のための、および日常生活のなかでの情報収集と学習のための知識、**社会的な能力、倫理的および精神的な価値観を有する人間としての人格**を形成する。

b) 一般教育、または一般ならびに職業教育を受ける。

c) 民主主義と法治国家としての原則、基本的人権、ならびに**責任および社会との一体感**を伴う自由について理解し、これを適用する。

d) 社会における男女平等の原則について理解し、これを適用する。

e) 国民および州民としての意識、ならびに**民族、国籍、文化、言語、および宗教に基づくすべての人のアイデンティティを尊重する意識**を培う。

f) 世界と欧州の文化的な価値観と伝統について知識を得て、国内のレベルと国際的なレベルにおける共生の基盤となる欧州の統合で生じる原則と規則につき理解し、習得する。

g) 持続可能な成長と安全、ならびに健康管理の原則に基づく環境と環境保護に関する知識を身につけ、適用する。

付録5A　社会情動的スキルの育成に向けた取り組み：教育制度の目標とスキルフレームワーク（国・地域別）

――就学前、基礎、中等、高等職業教育、およびその他の教育に関する2004年9月24日の法律第561号（ACT No. 561 of 24th September 2004 on Pre-school, Basic, Secondary, Tertiary Professional and Other Education）

ナショナル・カリキュラムのスキルフレームワーク

初等教育は、以下の目的を達成することを目指している。

- どのような課題についても、効果的かつ率直に意思伝達ができるよう児童を導く。

- 児童が**自分自身**、ならびに他者の業績と成果に協力し、**尊重するための能力**を養う。

- 児童が自由で**責任感**のある独立した個人であることを示し、自身の権利を行使し、義務を果たすよう準備させる。

- **人生におけるさまざまな状況下で前向きな気持ちを持って自身の行動と行為を遂行すること、および他者**、環境、自然に対する**洞察力を持ち、配慮する気持ちを養うことの必要性**を児童に認識させる。

- 積極的に身体的、**心理的、および社会的な健全性**を身につけ、管理し、その責任を持つよう児童を導く。

- **他者、他者の文化、および精神的な価値観に寛容であること、それらを考慮することの重要性**を児童に教え、他者と共存していくよう導く。

――フレームワークに基づく初等教育施策（2007年）パートC セクション3（Framework Education Programme for Elementary Education (2007) Part C, Section 3）
http://rvp.cz/informace/wp-content/uploads/2009/09/RVP_ZV_EN_final.pdf

━━━━━━━━━━　**デンマーク**　━━━━━━━━━━

教育制度の目的

「国民学校（*Folkeskole*）」の目的

(1) 国民学校は、保護者の協力のもとで、教育と訓練を深めるために必要な知識とスキルを伸ばし、学びの広がりにつながる意欲を育み、デンマークの文化、歴史に親しみ、他の国や他の文化について理解し、人と環境との相互の関係性について理解するように促すことにより、個々の児童・生徒の**幅広い**

169

成長を図ることを目的としている。

(2) 国民学校では、働きかけの方法を開発したり、児童・生徒に経験や深い学びの機会を与え、同時に自発的な行動の余地を残したフレームワークを策定したりすることに努める。それにより、児童・生徒が**自らの持つ可能性と成育環境への認識、想像力、自信を深め**、進んで行動を起こすことができるようにする。

　国民学校では、児童・生徒が**自由で民主的な社会に参加し、相互に責任を負い、自らの権利と義務について理解する**ことができるよう努める。このため、学校での日々の活動は、知的な自由、平等性、および民主主義の考えのもと行われなければならない。

——デンマーク教育省のウェブサイト（Danish Ministry of Education website）
http://eng.uvm.dk/primary-and-lower-secondary-education/the-folkeskole/the-aims-of-the-folkeskole

　生徒は、自律心と協調性の確立が重要視される学校環境のなかで、さまざまな方法を用いて勉学に励み、役割を果たすことができるものとする。

　学習課程では、**個人としての威厳**の形成を重視する総合的な学びの観点から行われなければならない。このため、生徒は**環境、すなわち仲間、自然、および社会、ならびに自分自身の発達に関して思慮深くなり、責任を持つこと**を学ぶべきである。教育により、創造性を持ち、革新性のあるスキルおよび批判的思考力も発達させるべきだ。

　教育と校風全般を通して、自由と民主主義の原則に基づいた社会への**積極的な参加、共同責任、権利、および義務に対する意識**を持つよう生徒に促さねばならない。このため、教育と日々の学校生活は、知的自由、平等、および民主主義を土台としなければならない。こうすることで生徒は、地域、欧州、ならびに世界を基準とする視点から、民主的な社会に積極的に参加し、社会の理解、発展、変化へ寄与するため、個人や連帯的に与えられた機会を把握する前提条件を身につけることになる。

——後期中等教育学校に関する法律（Upper Secondary Schools Act）

付録5A　社会情動的スキルの育成に向けた取り組み：教育制度の目標とスキルフレームワーク（国・地域別）

ナショナル・カリキュラムのスキルフレームワーク

　OECD事務局は、該当する情報を特定することができなかった。

エストニア

教育制度の目的

　一般教育とは、知識、スキル、経験、**価値観**、および**行動規範**についての体系であり、それにより、継続的に成長しつづける人間となり、**尊厳を持って生活し、自らと家族、他者、および自然を尊重し**、ふさわしい職業を選びとり、創造的に行動する、責任ある市民となることができる。

——教育法（Education Act）

ナショナル・カリキュラムのスキルフレームワーク

　国が定めるカリキュラムでは、以下の一般的な能力が定められている。

1) **価値観に関連する能力**—— 一般的に受け入れられている道徳規範の観点から人間関係や人々の営みを評価する能力；他者とのきずな、自然、自国や他国の文化遺産、現代的な文化に根づく行事について理解および評価する能力；芸術を尊び、美的感覚をかたちに表現する能力。

2) **社会的な能力**——自己実現し、高い意識と良心を持った市民としての役割を果たし、社会の民主的な発展に寄与する能力；社会の規範と価値観、ならびにさまざまな情況における規則を認識しそれに従う能力；他者と協力する能力；個人間の違いを受容し、それを考慮のうえで人と関わる能力。

3) **自己管理能力**——自己、ならびに自らの強みと弱みについて理解および評価する能力；健康的な生活スタイルを守る能力；自己や自らの精神的および身体的な健康に関連した問題、ならびに人間関係から生じる問題の解決策を見つけるための能力。

4) **学び方に関する能力**——学びの環境を整え、学びに必要な情報を入手する能力；学習計画を立ててそれに従う能力；さまざまな文脈において適

171

用できる、課題解決のための学習スキルや戦略を含む学習の成果を利用する能力；自らの知識とスキル、強みと弱みの分析、およびそれらに基づいてさらなる学びの必要性を分析する能力。

5) コミュニケーション能力——伝える状況と相手を考慮しながら、明確かつ的確に自らの意見を述べる能力；自らの立場を明確にし、その正当性を示す能力；情報や文献を読解する能力；適切な言語手段と様式を用いてさまざまな種類の文章を書く能力；正しい言語の使用法と表現豊かな言葉使いを優先させる能力。

6) 数学的な能力——数理分野特有の言語、記号、および手法を用い、すべての職業と活動の側面で問題を解決するための能力。

7) **起業家としての能力**——さまざまな仕事で身につけた知識とスキルを用いて発想を生み出し、かつ実現する能力；そこに潜む問題点やチャンスを見極める能力；目標を定めてそれを実現する能力、共同で行う活動を取りまとめ、自発性を発揮して結果への責任を負う能力；変化に柔軟に対応し、リスクに賢明に対処する能力。

——基礎教育学校のためのナショナル・カリキュラム（National curriculum for basic schools）
www.ibe.unesco.org/curricula/estonia/er_befw_2011_eng.pdf

フィンランド

教育制度の目的

本法律で言及される教育制度は、児童・生徒が**人格を形成し、倫理的な責任感をある社会の一員**となるように支援し、生きてゆくために必要な知識とスキルを身につけさせることを目的としている。

——基礎教育法 No.628/1998年（Basic Education Act 628/1998）
http://www.finlex.fi/en/laki/kaannokset/1998/en19980628.pdf

ナショナル・カリキュラムのスキルフレームワーク

教科横断的なテーマを重点に、教育および教授する取り組みが行われている。これらの取り組みの目的と内容は、多くの科目に組み込まれており、教育と指

付録5A　社会情動的スキルの育成に向けた取り組み：教育制度の目標とスキルフレームワーク（国・地域別）

導が一体的に行われている。これらの取り組みを通し、同時に現代的な教育課題にも応える。

1. 人としての成長
2. 文化的アイデンティティと国際協調
3. メディア活用のスキルと情報伝達
4. 市民として積極的に参加する意欲、および起業家精神
5. 環境、ウェルビーイング、および持続可能な将来に向けた責任
6. 安全と交通
7. 技術と個人

――基礎教育について国が定める中核カリキュラム 2004年（National core curriculum for basic education 2004）
http://www.oph.fi/english/curricula_and_qualifications/basic_education

━━━━━━━━　**フランス**　━━━━━━━━

教育制度の目的

　すべての学生に教育を受ける権利が保証されており、学生は自己の人格を形成し、教育と訓練の水準を上げ、社会的および職業的な生活に溶け込み、国民としての権利を行使することができる。

――法律No.89-486, 1989年7月10日 教育の方向づけ（Loi n° 89-486 du 10 juillet 1989 d'orientation sur l'éducation）

ナショナル・カリキュラムのスキルフレームワーク

　知識およびスキルのフレームワークの共通基盤として養うべき子どもの主要な7つの能力が、以下のように定義されている。

1. フランス語を自由に使いこなす力
2. 現代外国語を使いこなす力
3. 数学、科学、ならびに技術に関する教養の基本的な要素
4. 情報通信に関連する一般的な技術を使いこなす力
5. 人文的な教養

173

6. 社会的スキルと市民としてのスキル

7. 自主性と自発性

社会的スキルと市民としてのスキルのうちの基本的態度には、**自らを尊重すること、他者を尊重すること**が含まれる。**意欲を持つこと、自信を持つこと、成功および進歩しようとする意思を持つこと**などはすべて「自主性と自発性」を持つうえで欠かせない姿勢である。

——知識と能力の一般的な基盤 2006年（*Le socle commun des connaissances et des compétences 2006*）
http://media.education.gouv.fr/file/51/3/3513.pdf

ドイツ（ノルトライン＝ヴェストファーレン州）

教育制度の目的

神を敬う心、人間の尊厳を尊重すること、および地域社会のなかで社会的行動をとることは、関係性を築くうえで最も上位に掲げるべき目標である。青少年は、**人間性、民主主義、自由を尊重する精神、他者の信念に寛容で尊重する精神**のもと、人、祖国、国際社会、および平和を愛する者として、動物、ならびに生命の基盤である自然の保護に責任を持つ教育が行われるべきである。
学生は、特に以下の事項について学習するべきである。

1. **自律し、自己の責任のもとで行動する。**

2. 自ら、および他者と共に学習し、他者のために役立つ。

3. **自らの意見を表現し、他者の意見を尊重する。**

4. **他者を理解し、他者に対して寛容にふるまう決意との関連で、宗教的、および哲学的な問い、自らの判断に応える。**

5. さまざまな出自の人に偏見なく対応し、さまざまな文化の価値観について学習して思いやることで、差別のない平和的な共生を促進する。

6. 国と州の憲法で定められた基本的な規範について理解し、民主主義を支持する。

7. 自らの直観、感性、表現方法、ならびに音楽的、芸術的なスキルを養う。

8. 運動や団体競技を楽しむ心を培い、健康的な食生活と日常生活を送る。

174

付録5A　社会情動的スキルの育成に向けた取り組み：教育制度の目標とスキルフレームワーク（国・地域別）

9. 責任ある安全な方法でメディアによる情報を取り扱う。

──ノルトライン＝ヴェストファーレン州教育法 第2条、第4条、第5条）（非公式翻訳）（Articles 2, 4 and 5 of *Schulgesetz für das Land Nordrhein-Westfalen*（unofficial translation））

ナショナル・カリキュラムのスキルフレームワーク

OECD事務局は、該当する情報を特定することができなかった。

ギリシャ

教育制度の目的

初等教育および中等教育の基本的な目的は、知的、**心理的**、および身体的な潜在能力を完全、かつ調和とバランスがとれた状態に育成することに寄与し、児童・生徒が性別や出自にかかわらず、優れた人格を形成し、調和した生き方ができるようにすることである。

──法律第1566号/1985年（Law 1566/1985）

ナショナル・カリキュラムのスキルフレームワーク

分野横断的なカリキュラムのフレームワークに関する省議決定に従い、一般教育を通し、以下の事項を成し遂げるべきである。

- 調和のとれた身体的、**精神的**、**道徳的**、美的、および**情動的**な学生の育成を確実に行う。
- 各学生の独自の関心事とスキルを養い、発展させることに寄与する。
- さまざまな情報源へのアクセスを確保する。
- 学生の個人的な価値観と必要性に応じて、学生個人の選択を見直したり、判断したりする能力を養う。
- 知的スキル、社会的スキル、および情報伝達に関するスキルの発達過程において、児童・生徒が自らの考えや意見を表現する能力を育成し、**共通の目的を達成するために他者と協力し、責任ある行動ができるようにする。**

──省議決定 21072a/G2（Ministerial Decision 21072a/G2）

175

ハンガリー

教育制度の目的

　この法律の目的は、各自の年齢的な特性に応じたスキル、能力、知識、技能、**情動的および意志的な特性**の意識的な育成、ならびに文化的な教育を通して、子ども、および青少年の**精神的**、身体的、および知的に調和のとれた発育に寄与する公教育制度をつくることである。したがって、**有徳で、自立した生活を営むことができる**人間や**責任ある市民**を育成し、**私的な利益と公的な利益の調和を図りながら**、彼らの目的を達成することである。また、社会的な格差が開くことを防ぎ、教育という手段を用いて才能を伸ばすことを優先的な目的としている。

——国家教育法 1993年（National Education Act 1993）

ナショナル・カリキュラムのスキルフレームワーク

　ハンガリー政府が定めたカリキュラムのなかで明示されている主要な能力には、「社会的な能力と市民としての能力」および「自発性と起業家意識」が含まれる。

　社会的な能力と市民としての能力の中核的スキルとして含まれるのは、**生活の諸局面で効率的にコミュニケーションをとる能力、さまざまな視点を考慮して理解する能力、交渉相手に信頼を与える能力、共感する力**である。ストレスと不満に対処する能力や、変化に対応する能力もこれに含まれる。態度に関しては、**協調性、自己主張**、および**誠実さ**が最も重要であり、社会的および経済的な発展に対する関心、異文化コミュニケーション、および多様性への認識も同様に重要である。自らの偏見を乗り越え、妥協を得ようとする強い思いは、こうした態度とさらに関係の深い一要素である。

　自発性と起業家意識には、企画、**組織化**、リーダーシップの発揮、管理、委託、分析、コミュニケーション、経験の評価、ならびにリスク事前評価とリスクを引き受けること、個人ワークとチームワークといったスキルと能力が含まれる。

付録5A　社会情動的スキルの育成に向けた取り組み：教育制度の目標とスキルフレームワーク（国・地域別）

——ハンガリー政府が定める中核カリキュラム（Hungarian national core curriculum）
www.nefmi.gov.hu/english/hungarian-national-core

■■■■■■■■ アイスランド ■■■■■■■■

教育制度の目的

　義務教育学校は、家庭と協力して**すべての児童・生徒の多方面の発達**に努め、成長を続ける**民主的な社会への参加**へと導く役割を担う。義務教育学校の運営方法は、**寛容と慈善**の精神が特色で、アイスランドの文化に根差したキリスト教の伝統により導かれ、**平等、民主的な協力関係、責任、思いやり、寛容、および人間の価値の尊重**に特徴づけられるものとする。また、義務教育学校は可能な限り児童・生徒の実情とニーズに応じて業務内容を編成し、各個人の**多方面の発達**、ウェルビーイング、および教育を図るよう努めるものとする。義務教育学校は児童・生徒が互いに対する**広い心を培うよう導き**、アイスランド語を使いこなす能力を高め、アイスランドの社会、歴史、特異性、人々の暮らし、さらに、社会、環境、世界に対して担う個々人の義務について理解する力を強化するものとする。児童・生徒が継続的な教育と成長を求め、創造性を発揮し、知識とスキルを身につける機会を与えるものとする。学校教育では、児童・生徒が**自律性や自立的思考**を発揮し、**協調的スキル**を高めるために必要な土台を築くものとする。義務教育学校は、学校教育で確実に成果をあげ、児童・生徒の一般の福祉と安全を確保することを念頭に、家庭と学校との綿密な連携に努めるものとする。

——義務教育学校に関する法律No.91/2008年 第2条（Compulsory School Act No. 91/2008, Article 2）
https://www.government.is/media/menntamalaraduneyti-media/media/law-and-regulations/
　Compulsory-School-Act-No.-91-2008.pdf

ナショナル・カリキュラムのスキルフレームワーク

　国が定めるカリキュラムに関するガイドラインにある教育政策は、カリキュラムに関するガイドラインを支えている6本の柱に準拠している。これらの6本の柱は、以下に示すとおりである。

177

- 読み書き
- 持続可能性
- 民主主義と人権
- 平等
- 健康と福祉
- 創造性

　それぞれの柱は、就学前、義務教育学校、および後期中等教育のための学校に関する法律に由来する。また、学校制度における教育と教授活動に関する法規定を含む、その他の法律を参考にしたものも存在する。

　これらの柱は、社会、文化、環境、および生態系に関する教養に関連しており、児童・生徒および青少年が精神的にも身体的にも成長し、社会に出て成功し、**他者と協力する**ことができるようになる。さらに、**社会の維持に影響をもたらして活動し、社会の変化に寄与し発展させてゆくための将来のビジョン、能力と意志**にも関連している。

　これらの柱は学校に関する法規のなかで示される見解に準拠しており、そこでは、個人の社会的な目的と教育的な目的の両方が達成されるべきであるとしている。

──アイスランド政府が定める義務教育学校に関するカリキュラムの指針（The Icelandic National Curriculum Guide for Compulsory Schools）
http://brunnur.stjr.is/mrn/utgafuskra/utgafa.nsf/xsp/.ibmmodres/domino/OpenAttachment/mrn/utgafuskra/utgafa.nsf/C590D16CBC8439C500257A240030AE7F/Attachment/adskr_grsk_ens_2012.pdf

■■■ アイルランド ■■■

教育制度の目的

　認可された学校は、利用可能なリソースを用いることで、特色となる校風を考慮しながら、保護者と協議のうえ、**学生の道徳的、精神的、社会的、および人格的な発達を図り**、健康に関する教育を行うものとする。

──教育法 1998年 セクション9（e）（Section 9（e）of the Education Act 1998）

付録5A　社会情動的スキルの育成に向けた取り組み：教育制度の目標とスキルフレームワーク（国・地域別）

初等教育のカリキュラムでは、その目的を明確に、精神、道徳、認知、**情動**、想像、芸術、**社会**、および身体という人生を構成するあらゆる側面で子どもを育むことであると述べている。

教育のビジョンは、3つの一般的な目的というかたちで表現することができる。

●子どもが一人の子どもらしく充実した日々を過ごし、かけがえのない一人の人間として自らの潜在能力に気づくことができるようにする。

●他者と共生し、協力することで、子どもが一人の**社会的な存在**として成長し、社会の利益に寄与することができるようにする。

●子どもが継続教育、および生涯学習を受けられるよう準備を整える。

――小学校のカリキュラム（教育・科学局、1999年）(Primary School Curriculum (Department of Education and Science, 1999))

前期中等教育のフレームワークを支える8つの原則は以下に示すとおりである。

●質

●創造性と革新性

●**関与と参加**

●継続性と進化

●**ウェルビーイング**

●選択と柔軟性

●インクルーシブ教育

●学び方の学習

――前期中等教育のフレームワーク（教育・スキル局、2012年）(Junior Cycle Framework (Department of Education and Skills, 2012))

ナショナル・カリキュラムのスキルフレームワーク

1971年のカリキュラムは、以下の5つの原則を組み込んだ教育哲学を基盤としていた。

●子どもの**完全で、調和のとれた発達**

●個人の違いを十分に考慮することの重要性

- ●活動し、発見するための方法の重要性
- ●共通の規範・価値で結ばれたカリキュラムの性質
- ●環境に基づく学習の重要性

——初等教育のカリキュラム（教育・科学局, 1999年）(Primary School Curriculum (Department of Education and Science, 1999))

　前期中等教育の中核での学習については、学習に関する24のステートメントのなかで説明されている。

　生徒は：

5. 自らの価値観を認識し、道徳的な意思決定の方法について理解する。

6. さまざまな価値観、信仰、および伝統が自らの暮らす地域社会と文化に寄与してきた点を評価し、尊重する。

7. 地域、およびより広い文脈において権利と責任を有する**活動的な市民と**してのあり方を大切にする。

11. **自己および他者のウェルビーイングを保護し、促進する**ために行動する。

22. **自発性を発揮し**、革新的な発想を持ち、起業家としてのスキルを身につける。

24. 技術、ならびにデジタル媒体のツールを活用することで、**責任ある、倫理的なやり方で、協調しながら**創造性を発揮して学び、情報伝達し、作業し、思考する。

——前期中等教育のフレームワーク（教育・スキル局, 2012年）(Junior Cycle Framework (Department of Education and Skills, 2012))

イスラエル

教育制度の目的

　教育制度の目的のひとつとして、**子どもの人格**、創造性、および才能を育み、子どものウェルビーイングを保証し、有意義な生活を送るための能力を与えることが掲げられている。

——国家教育法 1953年（State Education Act, 1953）

付録5A　社会情動的スキルの育成に向けた取り組み：教育制度の目標とスキルフレームワーク（国・地域別）

ナショナル・カリキュラムのスキルフレームワーク

1997年に、ライフ・スキル・プログラムのカリキュラムが最初に発行された。教育省は小学校と中学校の学生に向けたこのプログラムの改訂版を2008年に発行した。

2013年に、中学校に向けたプログラムの改訂版が発行され、2014年には、就学前の幼児に向けたカリキュラムが発行された。

教えるスキルは、大きく分けて以下の5項目である。

- 自己同一性（例：自己認識、自己同一の感情、身体イメージ、自己概念など）
- 自己統制（例：怒りの感情への対処、時間の管理、意思決定など）
- 人間関係（友情関係と協力関係の構築、共感、攻撃やいじめへの対処など）
- 余暇、職業選択、および学習（例：余暇の過ごし方の選択、時間の配分と管理など）
- ストレスへの対処（例：助けを求めること、ストレスの解消方法、リスク要因の特定など）

カリキュラムは、文化的な特質（宗教、アラブ人としてのアイデンティティ）に適合させる。

――心理カウンセリング局のウェブサイト（Department of Psychological Counseling website）
http://cms.education.gov.il/EducationCMS/Units/Shefi/KishureiChaim/meytaviyut/
　　KishureiHaimLeYesody.htm

━━━━━━━━━━　**イタリア**　━━━━━━━━━━

教育制度の目的

義務教育の一部である小学校は、憲法の原則に従い、そして個人の権利、社会的な権利、および文化的な権利の多様性を尊重および理解に基づき、人間形成および市民の形成に貢献する。小学校は、子どもの**人格**の養成をはかり、文化リテラシーの始まりを促す。

――小学校の改革に関する1990年6月5日の法律第148号（非公式翻訳）（Law of 5 June 1990 148 on
　　reform of elementary school（unofficial translation））

www.edscuola.it/archivio/norme/leggi/l148_90.html

　学校の目標は、学習者の今までの育ちによる個性と家族や社会環境と結びつくネットワークからもたらされる機会とともに、学習者から規定されなければならない。教育計画と指導方法は、さまざまな発達段階と教育段階で、各個人の複雑さと特異性、多様な面を持つアイデンティティ、願望、能力、および弱点を必ず考慮したうえで定義され、実践されなければならない。

　学生は、認知、感情、人間関係、身体、美、倫理、精神、宗教という教育のあらゆる面のなかで中心に据えられる。この視点に立って、教師は、抽象的な人物ではなく、今現実にここに存在し、生きることの意味を求めて具体的な疑問を提起する者たちに向けて、教育指導計画を考え、実現化せねばならない。

——政府による就学前の教育と初等教育のカリキュラムに関する指令（非公式翻訳）(*Indicazioni nazionali per il curricolo della scuola dell'infanzia e del primo ciclo d'istruzione* (unofficial translation))
http://www.indicazioninazionali.it/documenti_Indicazioni_nazionali/indicazioni_nazionali_infanzia_primo_ciclo.pdf

ナショナル・カリキュラムのスキルフレームワーク

　就学前の教育、初等教育、および前期中等教育に関する2012年のカリキュラムに関するガイドラインは、欧州議会と欧州連合理事会が定義する生涯学習のためのキーコンピテンス、すなわち、母語によるコミュニケーション能力、外国語によるコミュニケーション能力、数学的な能力、科学と技術に関する基本的な能力、デジタルに関する能力、学び方の学習、**社会的で公共的な能力**、**先進性と起業家精神**、および文化的意識と表現を、基準点として定めている。

——政府による就学前の教育と初等教育のカリキュラムに関する指令（*Indicazioni nazionali per il curricolo della scuola dell'infanzia e del primo ciclo d'istruzione*）
http://www.indicazioninazionali.it/documenti_Indicazioni_nazionali/indicazioni_nazionali_infanzia_primo_ciclo.pdf

付録5A　社会情動的スキルの育成に向けた取り組み：教育制度の目標とスキルフレームワーク（国・地域別）

■■■■■■■■■　日　本　■■■■■■■■■

教育制度の目的

（教育の目標）

第1条　教育は、人格の完成を目指し、平和で民主的な国家及び社会の形成者として必要な資質を備えた心身ともに健康な国民の育成を期して行われなければならない。

（教育の目的）

第2条　教育は、上記の目標を実現するため、学問の自由を尊重しつつ、次に掲げる目的を達成するよう行われるものとする。

1. 幅広い知識と教養を身に付け、真理を求める態度を養い、豊かな情操と道徳心を培うとともに、健やかな身体を養うこと。

2. 個人の価値を尊重して、その能力を伸ばし、創造性を培い、**自主及び自律の精神を養う**とともに、職業及び生活との関連を重視し、勤労を重んずる態度を養うこと。

3. **正義と責任、男女の平等、自他の敬愛と協力を重んずるとともに、公共の精神に基づき、主体的に社会の形成に参画し、その発展に寄与する態度を養うこと。**

4. 生命を尊び、自然を大切にし、環境の保全に寄与する態度を養うこと。

5. 伝統と文化を尊重し、それらをはぐくんできた我が国と郷土を愛するとともに、他国を尊重し、国際社会の平和と発展に寄与する態度を養うこと。

——教育基本法 2006 年改定（文部科学省による非公式翻訳）

ナショナル・カリキュラムのスキルフレームワーク

　2008 年に改訂されたカリキュラムは、「生きる力」という考え方を主眼に置いており、以下の3つの要素をバランスよく組み合わせることを強調している。

- ●確かな学力：基礎・基本の習得、内省する力、学び考える意欲、主体的に意思決定を行動する力、問題を解決する力の養成

183

- ●豊かな人間性：他者を尊重しつつ自らを律する能力、発想力、協調する力の養成
- ●健康・体力：たくましく生きるための健康と体力

――文部科学省（2008年）「初等中等教育の教育課程の改訂」
http://www.mext.go.jp/en/policy/education/elsec/title02/detail02/__icsFiles/afieldfi
le/2011/03/28/1303755_001.pdf

■■■■■■■■　韓　国　■■■■■■■■

教育制度の目的

　韓国の教育制度は、人道主義に基づいてすべての市民が**個性**を形成することを支援し、民主的な市民として必要な自律した生活スキルと資質を養うことで人間的な生活を送ることができるようにし、民主的な国家の発展に貢献し、人類の公的な理想を実現することを目指している。

　こうした教育に関する目的に基づき、この国のカリキュラムでは、以下のような学生を育成することを念頭に置いている。

a. **全人的な発達**に加え、自身の個性とキャリアを育成する。

b. 基本的な能力に基づいて新しい発想と挑戦する心を持って創造性を発揮する。

c. 文化と多元的な価値観を理解して、品位のある生活を送る。

d. 世界との意思の疎通をとることができる市民として、**思いやりと共有の精神を持って社会の発展に参画する。**

――カリキュラムの設計フレームワーク、初等教育と中等教育のカリキュラム 2009年（The framework of the curriculum design, the elementary and secondary school curriculum 2009）
http://ncic.kice.re.kr/english.kri.org.inventoryList.do

ナショナル・カリキュラムのスキルフレームワーク

　韓国の教育制度は、人道主義の理想に基づく自律的な市民であり、国家の福祉と全人類に対して責任を担うために必要な**人格**とスキルを養うことができるようにすべての市民を支援することを目指している。

付録5A　社会情動的スキルの育成に向けた取り組み：教育制度の目標とスキルフレームワーク（国・地域別）

カリキュラムでは、以下に示す教養のある者を育成することを目指している。

1. **豊かな人間性に基づいて個性を伸ばそうと努める。**
2. 創造性を育て、知識とスキルを習得して応用することができる。
3. 進歩的な知識と理解力を持ってキャリアを開拓する。
4. 韓国の文化的な遺産を基盤にして新しい価値観を創造する。
5. **一人の市民として社会の発展に積極的に貢献する。**

——大韓民国の教育カリキュラム 2008年（The School Curriculum of the Republic of Korea, 2008）

ルクセンブルク

教育制度の目的

　学校教育を通して、子どもの発達、創造性、および**自身の能力に対する自信**を強化および促進する。これにより、学生は総合的な知識を習得し、職業生活に入り、民主的な社会における市民としての責任を遂行するための準備を整えることができる。学校教育により、学生は世界人権宣言に基づく倫理的な価値観について学び、男女平等の精神を尊重することの重要性を知る。これこそが、生涯教育の基本を成すものである。

——義務教育法 2009年2月6日（Compulsory Education Act, 6 February 2009）

ナショナル・カリキュラムのスキルフレームワーク

　さまざまな発達および学習の領域における教育を通して、伝達可能なスキルの養成が図られる。

1. 精神面からのアプローチ（例：情報の習得、情報の処理、情報の記憶、情報の利用、新しい情報の生成、情報の伝達）
2. 学習方法（例：学び方の学習、意識的および自律的な学習、自身の学習の管理、学習とウェルビーイングの結び付け）
3. **関係的な態度**（例：他者を知り、違いを受け入れ、自身のふるまいを適応させ、民主的な価値観に基づいて生きる）

185

4. **情動的な態度**（例：自分自身への動機付け、自信を獲得し、学生生活で
    自己のアイデンティティを確立する）

——基本的な教育学習計画 2011年（非公式翻訳）(*Plan d'études de l'enseignement fondamental*, 2011
  (unofficial translation))

http://www.legilux.public.lu/leg/a/archives/2011/0178/a178.pdf#page=49

■ メキシコ ■

教育制度の目的

　基礎教育は、すべての子どもと若者が基本的な知識を習得し、**生活するため
のスキル、生活するうえで必要となる価値観やふるまい**を確実に学び、**社会に対
する義務と責任を果たそう**とし、生産的な活動に参加し、生涯を通じて学習を
続けることを総合的な目標としている。

——教育一般法 (*Ley General de Educación*)

ナショナル・カリキュラムのスキルフレームワーク

　基礎教育のシラバスには、基礎教育の3つのレベルにおいて形成される生活
スキルが定義されている。

- 生涯学習を続けるためのスキル
- 情報を管理するためのスキル
- **状況を管理するためのスキル**
- **共生するためのスキル**
- 社会で生活するためのスキル

　状況を管理するスキルを養うには、リスクや不確実性に向き合い、良好な手
順を策定し、時間を管理し、発生する状況の変化に柔軟に対処し、決定を下し
て結果を想定し、失敗、フラストレーション、幻滅に対処し、人生設計のデザ
インと発展を自律的に行わなければならない。

　共生するスキルを養うには、共感する心を持ち、他者や自然と調和のとれた
関係を築き、自己主張をし、他者と協力して作業に取り組み、他者と同意し、

付録5A　社会情動的スキルの育成に向けた取り組み：教育制度の目標とスキルフレームワーク（国・地域別）

交渉し、他者と共に成長し、社会的、文化的、および言語的な多様性を認識して価値を認めなければならない。

——教育計画 2011年．基本教育（*Plan de estudios 2011. Educacion Basica*）

オランダ

教育制度の目的

教育とは：

a. 多元的な社会において学生を育てることでもある。

b. **積極的な社会参加と社会的共生**を促進することも目的とした制度である。

c. 学生に、彼らの仲間が持つさまざまな文化と背景について知識を持たせ、経験させることも目指した制度である。

——初等教育法 1981年（Secondary Education Act, 1963）

第17条、多元的な社会における教育、市民権、社会参加

教育は：

a. 学生が多元的な社会で成長してゆくことを想定して行われる。

b. 積極的な社会参加と社会的統合を促進することも目的としている。

c. 学生に、彼らの仲間が持つさまざまな文化と背景について知識を持たせ、経験させることも目指している。

——中等教育法 1963年（Secondary Education Act, 1963）

ナショナル・カリキュラムのスキルフレームワーク

　オランダ資格認定フレームワーク（NLQF）では、教育の各レベルの終了時に習得されているべき**責任と自律性**の基準が定められている。これらの基準は、教育のレベルが上がるにつれてより高いものとなる。たとえば、中等教育を修了する者に適用される基準は以下のとおりである。

●仲間、監督者、およびクライアントと協力する。

187

- 活動、作業、および勉強の成果に対する責任。

- 他者が行った作業の成果について責任を共有する。

――オランダ資格認定フレームワーク（NLQF）（Dutch Qualification Framework（NLQF））
www.nlqf.nl/nlqf-niveaus

![section header]

ニュージーランド

教育制度の目的

1. すべての学生が自身の個人として持ち得るすべての潜在能力を認識でき、**ニュージーランド社会の一員になるために必要な価値観**を築くことを可能にするプログラムを通して実現することができる最高水準の成果。

2. 障壁を特定して取り除くことで、すべてのニュージーランド国民に与えられる、教育を受ける機会の平等。

3. 刻々と変わりゆく現代の世界で生きてゆくためにニュージーランド国民が必要としている知識、理解力、およびスキルの養成。

4. 子どもたちの最初の教師としての役割を果たす保護者に向けた支援を含む数々のプログラムを通した、将来の学習と成果を達成するための幼年期での基盤の構築。

5. 基礎的な学習領域を網羅した、バランスのとれたカリキュラムを通した幅広い教育活動。読み書きと数学の基礎知識、科学技術、および身体的な活動に関連した高い水準の能力（知識とスキル）の開発を最優先させるべきである。

6. 明確な学習目標を定め、学習目標に対する学生の達成度をチェックし、個別のニーズを満たすプログラムを確立することで達成される卓越した成果。

7. 特別な支援を必要とする学生にとっての個別のニーズを特定し、適切な支援を確実に提供することにより達成する学習の成果。

8. 学生がニュージーランドで次段階の教育に高い水準で参加できるよう、国内ならびに国際的に認知された資格制度を利用できること。

9. ワイタンギ条約（the Treaty of Waitangi）の原則に基づいて、マオリ語

付録5A　社会情動的スキルの育成に向けた取り組み：教育制度の目標とスキルフレームワーク（国・地域別）

（Te Reo Māori）での教育を含むマオリ族教育構想の推進を通した、マオリ族の参加と成果の促進。

10. マオリ族固有の土地としてのニュージーランド、太平洋におけるニュージーランドの役割、ならびに国際社会の一員としての役割を認識し、**ニュージーランドの人々が持つ多様な民族的、および文化的な遺産に敬意を持つこと。**

――公的教育が目指す目標 2004年（The National Education Goals, 2004）

ナショナル・カリキュラムのスキルフレームワーク

ニュージーランドのカリキュラムでは、以下の5つの主要な能力が特定されている。

- 思考
- 言語、記号、および文章の使用
- 自己管理
- 他者とのかかわり
- 参加と貢献

――ニュージーランド・カリキュラム・オンライン（The New Zealand curriculum online）
http://nzcurriculum.tki.org.nz/Key-competencies

━━━━━━　**ノルウェー**　━━━━━━

教育制度の目的

教育と訓練を通して、学生は文化的な多様性に対する洞察力を磨き、各個人の信念に敬意を示すことができるようになるものとする。学生は民主主義、平等、および科学的な思考方法を推進してゆかなければならない。学生は知識、スキル、および**態度**を養い、自分自身の生活を司り、仕事と社会に参加することができるようにならなければならない。学生には、創造性を養い、**熱意を持って取り組み**、探究心を発揮するための機会が与えられるものとする。学生は批判的な精神を持って思考し、**倫理的に行動し**、環境に対する意識を高めるこ

189

とを学ぶものとする。

——教育法 第1章（Chapter 1 of the Education Act）

ナショナル・カリキュラムのスキルフレームワーク

　ノルウェーで施行されている教育関連の法律は、**道徳的な態度**、創造する能力、**仕事**、総合教育、**協力**、および自然環境というテーマに分けて策定されている。

——ノルウェーの初等教育、中等教育、および成人教育のためのコアカリキュラム（Core curriculum for primary, secondary and adult education in Norway）
www.udir.no/upload/larerplaner/generell_del/Core_Curriculum_English.pdf

■■■■ ポーランド ■■■■

教育制度の目的

　基礎教育の目的は、子どもの「知的、倫理的、**情緒的、社会的**、および身体的な知識」の基盤を構築することである。現在教えられている最も重要な能力として、チームワーク、自身の関心事を見つけることなどが挙げられる。同様に、中等教育と高等教育においては、これらの非認知的なスキルをさらに発展させることが目的のひとつとなっている。

——基幹的なカリキュラムについての条例, 法律ジャーナル2009年1月15日, 4号, 項目7（*Rozporza, dzenie o podstawie programowej - Dziennik Ustaw 15. 01. 2009, nr 4, poz 7*）

ナショナル・カリキュラムのスキルフレームワーク

　ポーランド資格認定フレームワーク（Polish Qualification Framework）では、基礎教育とより高等な教育のすべての水準で、認知的および社会的な能力に関連して取得する必要がある資格認定が指定されている。基礎教育において養われるべき能力として、**社会的な役割の理解、チームワーク、社会における自分の立場に関連した責任の遂行、協力、コミュニケーションスキル**などが含まれる。より高等な教育では、子どもが将来、**自主的に仕事を担い、倫理的に思**

付録5A　社会情動的スキルの育成に向けた取り組み：教育制度の目標とスキルフレームワーク（国・地域別）

考し、**責任を持って行動する**といった行為を実行できるように準備することを
目指す。

www.kwalifikacje.edu.pl/pl/

════════════　**ポルトガル**　════════════

教育制度の目的

セクションⅡ. 初等教育のカリキュラムの策定

第15条　学生の**個人的および社会的な発達**

　学校はその自治権の範囲内で、任意の頻度で行われる公民教育、健康に関す
る教育、経済に関する教育、メディアに関する教育、交通安全に関する教育、
消費者としての教育、起業家精神に関する教育、宗教と道徳に関する教育を含
む、学生の**個人的および社会的な発達**に貢献する施策および活動内容を開発す
べきである。

セクションⅣ. 初等教育と中等教育のカリキュラムの管理

第21条　学術的成功の推進

　　e)　学生の成長、ならびに**個人的および社会的な発達**を支える活動内容を開
　　　　発する。

――法令第139号/2012年（非公式翻訳）(*Decreto-Lei n.º 139/2012*（unofficial translation))

ナショナル・カリキュラムのスキルフレームワーク

セクションⅡ. 初等教育のカリキュラムの策定

第15条　学生の**個人的および社会的な発達**

　学校はその自治権の範囲内で、任意の頻度で行われる公民教育、健康に関す
る教育、経済に関する教育、メディアに関する教育、交通安全に関する教育、
消費者としての教育、起業家精神に関する教育、宗教と道徳に関する教育を含
む、学生の**個人的および社会的な発達**に貢献する施策および活動内容を開発す
べきである。

191

セクションⅣ. 初等教育と中等教育のカリキュラムの管理

第21条　学術的成功の推進

　e）　学生の成長、ならびに個人的および社会的な発達を支える活動内容を開
　　　発する。

──法令第139号/2012年（非公式翻訳）（*Decreto-Lei n.º 139/2012*（unofficial translation））

▰▰▰▰▰▰▰　スロバキア　▰▰▰▰▰▰▰

教育制度の目的

　2008年に新たに制定された教育法の第4条に従い、教育は、学生が以下を行
えるようにすることを目的に与えられるものとする。

- コミュニケーションのスキル、話して書くスキル、公用語と母国語ならびに外
国語で情報技術とコミュニケーション技術を使いこなすための能力、数学に関
する基礎知識、科学技術に関する能力、生涯学習、**社会的なスキルと公共的な
能力**、起業するスキル、および文化的な能力をはじめとする各種能力を習得す
る。

- 外国語を2か国語以上習得する。

- 問題を特定および分析し、解決策を提案し、それらをいかに解決するかを学習
する。

- 手先の技能、創造性のある芸術的な精神運動に関連したスキルを発達させる。

- **親および他者**を敬い、国の価値観と伝統、ならびに母国語への尊重を強化する。

- 人権と基本的な自由の保護に関する条約（欧州人権条約）に掲げられる人権、
基本的な自由、および原則への尊重を強化する。

- **自由な社会において理解と寛容の精神を持ち、男女平等の精神を尊重し、外
国との友好、国籍と民族および宗教に関する寛容の姿勢を持って責任ある態
度で生活する準備を整える。**

- **自らの個性と生涯にわたる学習への意欲を養い高め、他者と協力して作業し、
責任を果たすことについて学ぶ。**

付録5A　社会情動的スキルの育成に向けた取り組み：教育制度の目標とスキルフレームワーク（国・地域別）

●自らの行動を管理および調整し、自身の健康と環境を守り、全人類が持つ倫理的な価値を尊重することを学ぶ。

——教育法第245号/2008年、「世界の教育に関するデータ第7版、2010年11月」（UNESCO（2012）による翻訳の抜粋）（Education Act 245/2008, translation taken from UNESCO（2012）"World Data on Education 7th eduction 2010/11"）

ナショナル・カリキュラムのスキルフレームワーク

　初等教育では、以下の目標を掲げることで、総合教育の基礎として学生（生徒）の主要なスキル（能力）を段階的に発達させるための初期的な基盤を構築する。

●自身の環境について探求するのに必要な想像力、創造性、および関心を高めるため、身近な文化環境と自然環境について考察する機会を学生に豊富に与える。

●自身のスキルと向上の可能性について探り、自身について学び、知るための基本的な能力を学生が養えるようにする。

●自身の認知的なスキルを習得し、積極的に問題を解決することにより批判的かつ創造的に思考することができるように、学生（生徒）の認知的なプロセスと能力の発達を支援する。

●学生（生徒）が、他者と関わり、自己理解し、評価（選択および判断）し、自己管理と自振り返りをもとに積極的に行動するための能力をバランス良く発達させる。

●特に、心を開いて他者との関係性を持ち、効果的に協力し、クラスメート、教師、保護者、他者、および自身を取り巻く文化や自然に対する思いやりと気配りを養うために自我と対人関係の発達を促進する。

●他者、および他者が持つ精神的ならびに文化的な価値観に寛大でそれらを受け入れることができるように、学生（生徒）を指導する。

●自身の権利を行使し、同時に自身の義務も果たし、自身の健康を守って強化する責任も遂行できるように学生（生徒）を指導する。

——政府が定める初等教育のカリキュラム（非公式翻訳）（National curriculum for primary education（unofficial translation）
http://www.statpedu.sk/files/articles/dokumenty/statny-vzdelavaci-program/isced1_spu_uprava.pdf

スロベニア

教育制度の目的

基礎教育の主な目標のひとつを以下に示す。

● 各個人の発達のメカニズムを尊重しながら、調和のとれた身体的、認知的、情緒的、道徳的、精神的、および社会的な発達を促進する。

——教育基本法（Basic School Act）

スロベニアにおける教育の目標には、以下が含まれる。

● 相互の寛容性について教育し、男女平等の精神に対する意識を高め、人間の多様性と相互協力の精神を尊重し、子どもの人権と基本的な自由を尊重し、男女のための均等な機会を促し、民主的な社会で生活するための能力を養う。

● 個々人の誠実さに対する意識を高める。

● 公共性と市民性に対する意識を高め、スロベニアの歴史と文化についての知識を養う。

● 自身、自身の健康、他者、自身と他者の文化、自然環境と社会環境、ならびに将来の世代に関して深い知識を持ち、それらに対して責任ある態度をとることを含む、持続的な発達と、民主的な社会への積極的な参加について教育する。

——教育の編成と財政に関する法律（Law on the Organisation and Financing of Education）

ナショナル・カリキュラムのスキルフレームワーク

政府が定める教育と社会進歩（ESP）に関連した教育目標は、カリキュラムのなかで、（横断的カリキュラム指導ガイドラインと教師向け授業案を含む）社会、愛国心、および市民的な文化と倫理という3つの主なテーマ、ならびに選択科目としての倫理と、宗教と倫理というテーマのもと、具体的に定められている。

ESPに関連した目標は、教育基本法により定められる（前向きな態度という意味における）義務教育計画を通して、クラスにおける通常の事業を含むさまざまな種類の活動によりそれらの能力を発達させることを支援することで達成

付録5A　社会情動的スキルの育成に向けた取り組み：教育制度の目標とスキルフレームワーク（国・地域別）

することを目指す。最終的に、これらの目標は、教育制度の社会的な作業に携わる部門が追求する使命の重要な部分を形成する。

——小学校の必修科目カリキュラムに関するスロベニア当局者からのアンケート返答（Questionnaire response from the Slovenian official on the curricula on compulsory subjects in primary school）

スペイン

教育制度の目的

　基本となる認知的なスキルは十分とはいえない。批判的な思考、**多様性の管理**、コミュニケーションを図るための創造性と能力、**個人としての自信、情熱、忠誠心、変化を受け入れる気持ち**などの姿勢といった伝達可能なスキルを早期より習得させることが必要である。

——教育の質の向上に関する基本法（Ley Orgánica para la Mejora de la Calidad Educativa）

ナショナル・カリキュラムのスキルフレームワーク

　数多くの基幹的な能力が特定され、初等教育と中等教育のカリキュラムに導入されている。いくつかの例を以下に示す。

- コミュニケーションスキル
- 数学に関するスキル
- 外界への知識と関わり
- データ処理とデジタルスキル
- **社会公共的スキル**
- 文化芸術的なスキル
- 学び方の学習
- **自律性と自発性**

——教育・文化・スポーツ省のウェブサイト（Ministry of Education, Culture and Sports website）
http://www.mecd.gob.es/educacion-mecd/areas-educacion/sistema-educativo/ensenanzas/educacion-secundaria-obligatoria/contenidos.html（2014年9月10日アクセス）

■ スウェーデン ■

教育制度の目的

　学校制度の中における教育は、子どもと若者が知識と価値観を取得し育成させることができるようにすることを目的としている。この教育を通して、子どもと学生の発達と学習能力、ならびに生涯にわたり学習する意欲を持つことを促す。さらに教育は、子どもと学生の家族の協力を得ることで、**積極的で、創造的で、優秀で、責任感のある個人および市民としてバランスのとれた人格の育成を促進する**ことも目的としている。

——学校教育法 第1章（Chapter 1 of the School Act）

ナショナル・カリキュラムのスキルフレームワーク

　学校は、各生徒が以下を行うことができるように育成することを目指す。

- 人権と民主主義における基本的な価値観についての知識、ならびに個人的な経験に基づいて倫理的な視点を意識的に判断し、表現する。
- **他者が生来持つ価値観を尊重する。**
- 人を抑圧し、名誉を傷つける行為を拒絶し、他者を助ける。
- **他者が置かれている状況に共感し、これを理解し、他者の最善の利益を思って行動する。**
- 自分の身の回りの環境、ならびにより広い意味での環境を尊重し、慈しむ。

——義務教育、就学前の授業、およびリクリエーションセンターのためのカリキュラム 2011年（Curriculum for the compulsory school, preschool class and the recreation centre 2011）

■ スイス（チューリッヒ州）■

教育制度の目的

　教育制度を通して、個人は自身の生来の傾向、適性、および関心に従って知識を習得する。教育制度により、**成熟さと寛容性と責任感を有する**人格の発達を促し、職業に従事し、社会と民主主義のなかで共生するための基盤を築く。

196

付録5A　社会情動的スキルの育成に向けた取り組み：教育制度の目標とスキルフレームワーク（国・地域別）

——教育法、2002年（非公式の翻訳による）

　初等教育では、基本的な知識とスキルを学生に習得させる。これにより学生は関係性を認知することになる。初等教育では、**他者と環境を敬う心**を養い、子どもを**独立心と社会的な能力を有する**者として発達させることを目指す。学校は、学ぶこととその他の活動に従事することの喜びを呼び覚まし、それを維持することに努力する。特に初等教育では、**責任感、コミットメント**、決断力、判断力、および批判的な思考、および**積極的な対話能力**の習得を促進する。指導では、個々の子どもが持つ才能と傾向を考慮し、生涯学習のための基盤を築くことを目指す。

——義務教育法 2005年（非公式翻訳）（Act on Compulsory Education 2005（unofficial translation））

ナショナル・カリキュラムのスキルフレームワーク

　OECD事務局は、該当する情報を特定することができなかった。

トルコ

教育制度の目的

　政府が定める教育制度は、すべてのトルコ国民を以下のように育成することを目的としている。

- ●憲法に定められたアタテュルクの原則、革命、およびアタテュルク・ナショナリズムへの忠誠を誓い、自分の家族を愛し、切れ目なく育み、国民的、人間的、道徳的、および文化的な価値を守り、作り上げ、憲法に定められた人権と基本原則に基づいて民主的で世俗主義を標ぼうする社会的な国家であるトルコに対して自身が担う義務と責任を熟知している個人。

- ●**バランスがとれた健康的な人格と性格**を有し、身体、心、道徳心、精神、ならびに**情緒**が発達し、自由で科学的な発想ができ、幅広い世界観、すわなち、人権、価値を重んじる人格と起業家精神を持ち、社会に対する責任感を認識し、

197

建設的、創造的、および生産的に行動することができる個人。

● 自己の関心と能力に応じて、必要とされる知識、スキル、**態度**、および**仕事上での協調的な習慣**を身に付け、幸福な人生を送り、社会の幸福に貢献できるよう職業を持たせるように導く。

——国民教育基本法 1973年（Basic Law of National Education of 1973）

ナショナル・カリキュラムのスキルフレームワーク

就学前の教育、初等教育、前期中等教育、および中等教育のカリキュラムは、学生に以下のスキルを付けさせることを目的としている。

● トルコ語の適正かつ効果的な使用

● 批判的な思考

● 創造的な思考

● 分析的な思考

● 意思決定

● 起業家精神

● 発想の転換と継続

● 情緒の管理

● 意思の疎通と共感

● 問題解決

● 調査

● 情報技術の使用

● 社会参加と公共性

● 民主主義の意識

——トルコ政府当局から寄せられた国家カリキュラムについてのアンケート回答（Questionnaire response from the Turkish official on the national curricula）

付録5A 社会情動的スキルの育成に向けた取り組み：教育制度の目標とスキルフレームワーク（国・地域別）

英国（イングランド）

教育制度の目的

カリキュラムに関連した一般的な必要条件

1. 公立の学校および幼稚園のカリキュラムが以下のようなバランスがとれて、広い範囲を対象としたカリキュラムである場合、このセクションの必要条件を満たしていることになる。

   a. 学校と社会における学生の**精神的**、**道徳的**、**文化的**、**知能的**、および身体的な発達を促進する。

   b. 学生が後の人生での機会、責任、および経験を手にすることに備えて、学校において準備作業を行う。

——教育法 2002年（Education Act 2002）

ナショナル・カリキュラムのスキルフレームワーク

OECD事務局は、該当する情報を特定することができなかった。

米国（カリフォルニア州）

教育制度の目的

OECD事務局は、該当する情報を特定することができなかった。

ナショナル・カリキュラムのスキルフレームワーク

それぞれの子どもは固有の人格とニーズを備えているため、州の教育制度はそれぞれの子どもが持つすべての潜在能力を発達させることができるようにすることを目標としている。

——戦略的計画 2002-07年（Strategic Plan 2002-07）

199

ブラジル

教育制度の目的

　義務的な基礎教育が公立学校において無償にて9年間にわたり行われ、開始年齢は6歳である。教育制度は、以下を通した市民の基本的な教育を行うことを目指している。

　　Ⅰ. 読み書き、および数学の基礎知識を習得することを基本に、学ぶ能力を養成する。

　　Ⅱ. 自然環境と社会環境、政治制度、経済、技術、美術、文化、および社会が基盤とする価値観について理解する。

　　Ⅲ. 知識とスキルを習得し、**態度と価値観を構築すること**を目的に、学習する能力を養う。

　　Ⅳ. 社会生活の基盤である家族の絆、団結心、相互の尊重という精神を強化する。

――国が定める教育のガイドラインとフレームワークに関する法律、第9.394号/1996年、第32条（教育省が提供した非公式翻訳）（National Education Guidelines and Framework Law 9.394/1996, Article 32（unofficial translation provided by the Ministry of Education））

ナショナル・カリキュラムのスキルフレームワーク

　これらの原則、ならびに法律第9.394号国家教育基本法（LDB）/1996年の第22条と第32条に従い、基礎教育のカリキュラムに関する提案事項は、学校教育の現段階のためにおかれた目標を通して、市民のために欠かせない公教育を確保し、仕事と後の学業での向上手段を提供して、学習者の発達を促す。すなわち、

　　Ⅰ. 読み書き、および数学の基礎知識を習得することを基本に、学習するための能力を養成する。

　　Ⅱ. 自然環境と社会環境、政治制度、技術、美術、および社会が基盤とする価値観について理解する。

　　Ⅲ. 批判的な視点から世界を見つめるための道具として、知識とスキルを習得し、**態度と価値観を構築する。**

付録5A　社会情動的スキルの育成に向けた取り組み：教育制度の目標とスキルフレームワーク（国・地域別）

Ⅳ. 社会生活の基盤である家族の絆、団結心、相互の尊重という精神を強化
する

——2010年12月14日の決議第7号、9年間の初等教育サイクルに関して国が定めるカリキュラムに関するガイ
ドライン、第7条（教育省が提供する非公式翻訳）（Resolution No. 7 of 14 December 2010, National
Curricular Guidelines for the 9-year Primary Education Cycle, Article 7 (unofficial translation
provided by the Ministry of Education)）

ロシア

教育制度の目的

ロシアの教育制度は、すべてのロシア国民に前向きで社会的、文化的、およ
び経済的な潜在能力を発揮させ、ロシアの社会経済の発展に貢献するように促
すことをその使命としている。

——初等教育に関する連邦教育基準2010年（Federal educational standard for primary education,
2010）

ナショナル・カリキュラムのスキルフレームワーク

すべての水準の学校教育に関する連邦教育基準では、人格と社会的な発展に
関連した複数の能力が対象になっている。それらの能力とは、以下のとおりである。

1. 愛国的な教育：公共性と民族的なアイデンティティ、人間的、民主的、
および伝統的な価値、ロシアの言語、歴史、および文化に関する知識

2. **自己啓発と自己教育、学業と職業選択に対する包括的なアプローチ、独立、
および自活**

3. 現代水準の科学と社会的な慣行に対応し、民族的、文化的、言語的、社会
的、および宗教的な多様性を考慮する思考態度

4. **他者を敬うこと、あらゆる領域で他者と協力するための心構え、友好の精
神を含むコミュニケーション能力**

5. **道徳的な態度および自身の態度に対する責任を含む、道徳に対する意識の育成**

6. 健康的で安全なふるまいが持つ価値

7. 美的教育

201

8. 家族の価値

—— 一般教育に関する連邦教育基準（Federal state educational standards for general education）
http://xn--80abucjiibhv9a.xn--p1ai/%D0%B4%D0%BE%D0%BA%D1%83%D0%BC%D0%B5%D0
%BD%D1%82%D1%8B/543

第6章

社会情動的スキルを育む方法

　政策立案者、教師、親はみな、子どもの社会情動的スキルを改善させるために重要な役割を果たすことができる。これらのスキルは、認知的スキルとともに、個人のウェルビーイングと社会進歩に欠かせない要素である。社会情動的スキルは、文化的、言語的境界領域内であれば確実に測定できる。政策立案者はこの情報を用いて育成が足りていないスキルについての理解を深め、その問題に対して適切な政策を立案することができ、教師や親は子どもが必要とするスキルに対する考えを広げ、積極的な学習環境を創ることができる。社会情動的スキルを高めることは可能であり、そのようなスキルは子どもの人生における可能性や社会の可能性を向上させることもできる。この報告書では、重要なスキルの種類とそのスキルを育成するために行われている施策、実践、介入について説明している。この結びの章では、子どもの人生における成果、ウェルビーイング、社会進歩にとって重要なスキルを向上させるためのよりよい戦略を開発することを目的とし、「何が効果的か」と「実際何が起こっているか」の差異を評価する。

「お前さんの働きぶりだって、いつも立派なものだったじゃないか。なあ、ジェイコブ」と、スクルージはためらいがちに言った。

「働きぶりだって！」と、ジェイコブの幽霊はまたもやその手を揉み合せながら叫んだ。

「世のため人のためにこそ、私は働くべきだった。社会の安寧のため、そして慈善と、恵みと、堪忍と、博愛と、すべてのために私は働くべきだったよ。私がなすべきことからすれば、商売上の取引なんてものは大海の一滴にすぎなかったのだよ」

―― 『クリスマスキャロル』（チャールズ・ディケンズ）

政策メッセージ

この報告書に示されているエビデンスを総合的にみると、政策課題が数多く存在する。

子どもが人生において成果を収め、社会進歩に貢献するためには、バランスのとれた認知的スキルと社会情動的スキルが必要である

さまざまな地理的、文化的地域において、幅広い認知的スキルと社会情動的スキルは、常に人類史のなかで重要であった。本報告書では、それが現代の子どもについても同様であることが示されている。子どもたちは、21世紀の社会経済的課題に向き合うために、総合的な認知的能力と社会情動的能力を必要としている。成果の種類により、異なる種類のスキルが特に求められる。教育や労働市場での成果を得るためには認知的スキルが特に必要であり、健康的なライフスタイル、社会への積極的な参加、生活満足度の向上や社会の治安改善には、社会情動的スキルが重要な役割を果たす。しかしながら、望ましい行動や成果を生み出すうえで、認知的スキルと社会情動的スキルは必ずしも互いから分離して作用するものではない。これらのスキルは相互に作用し、高め合い、

第6章　社会情動的スキルを育む方法

強化し合って、個人や社会の進歩に貢献するのである。

目標を達成し、他者と協力して効果的に働き、自分の感情をコントロールする能力は、子どもが人生において成果を収めることに役立ち、忍耐力、社交性、自尊感情などの社会情動的スキルは重要な役割を果たす

　OECDの実証研究によるエビデンスは、介入研究の結果と同様に、子どもの人生における成果を定めるのは社会情動的スキルであることを示している。この種のスキルは、目標の達成、他者と協働すること、ストレスとなる状況に対処することなど、人生でのさまざまな状況に役立つ。また、忍耐力、社交性、自尊感情は、子どもや社会が恩恵を受けることになる社会情動的スキルであることをエビデンスが示している。しかし、すべての社会情動的スキルが肯定的な社会経済的成果を示すわけではないため、必要なスキルについてそれぞれ適切な見方を持つことが重要である。たとえば、ノルウェーでは、外向性のような社会情動的スキルの向上により、うつ病は減少したものの、同時に肥満が増えた（ともに自己報告による）というエビデンスも報告されている。

学習環境を改善し、介入プログラムを活用することによって社会情動的スキルの向上を図ることができる

　社会情動的スキルは、習得が可能であり、活動やタスクを首尾よく安定して行うことを可能にする能力であり、学習を通して育成・促進することができる。数か国のOECD加盟国から得られたエビデンスによると、施策の改革や教師の革新的な取り組み、親の努力によって子どものスキルを向上させる余地があることが示唆されている。成果を収めた多くの介入プログラムには、次のような共通の特徴がある。1）親・教師・指導者と子どもの間の温かく協力的な関係を通して愛情を強調することとメンタリング。2）各家庭、学校、仕事場、地域社会の枠を超えて学習環境の質の一貫性を確保すること。3）子どもと教師に対して、連続性があり、活動的、集中的かつ明確な学習実践に基づいたスキルトレーニングを提供すること。4）幼児期から青年期にかけてプログラム

205

を導入し、それ以前に行われた投資をフォローアップし補完すること。

　恵まれない境遇にあるグループにおいては、刺激となる家庭の学習環境がなかったり、ストレスをより多く抱える状況にいたりすることが多く、スキル発達の障害となっているため、介入が特に有用かもしれない。社会情動的スキルの習得は学校教育内外のさまざまなコンテクストで行われるものであるため、単独で行動しても協調的な取り組みに比べ効果が低い。学校は家族や地域社会と協力してスキル形成や発達を改善していく必要がある。

エビデンスでは、「スキルはスキルを生む」ことが示されており、恵まれない境遇にある人々の生活面での展望を向上させ、社会経済的不平等を減らすために早期段階で社会情動的スキルに投資することが重要である

　子どもは幼児期に培った基盤となるスキルを基にその他のスキルを積み上げていく。スキルはスキルを生むものであり、子どもの現段階でのスキルレベル次第で、その後の新たなスキルをどれほど身につけられるかが決まる。これは、スキルの高い子どものほうが、新しい学習の取り組みや状況から恩恵を受けるためでもある。したがって、初期の投資は最大の利益をもたらし、高いスキルと大人になったときの肯定的成果につながっていく。認知的スキルの発達における敏感期は、子どもの発育過程の初期に当たるのに対し、社会情動的スキルを発達させる余地は児童期後期や青年期にもあるというエビデンスがある。教育、労働市場、社会的成果における不平等を低減させる効率的な方法のひとつは、最も恵まれない境遇にあるグループに対し、社会情動的スキルに関する取り組みを十分早い段階から始め、学齢期を通じて続けることである。

社会情動的スキルの定期的な調査は、学習環境を改善させ、スキルの発達に確実に寄与する価値ある情報を提供することができる

　社会情動的スキルは、少なくとも文化的、言語的境界領域内では確実に測定できる。一部の既存の尺度は、子どもの人生における種々の成果を予測するものであることがわかっている。関係する社会情動的スキルの適切な尺度は、定

第6章　社会情動的スキルを育む方法

期的に調査を行うことで、政策立案者、教師、親などに社会情動的スキルの欠けている分野や傾向について価値ある情報を与えてくれる。学習環境に関する情報を伴うスキルの優れた尺度は、子どもの社会情動的発達に関連する学習環境と投資を見極めるのに役立つだろう。この情報は、教育政策の優先事項を特定する必要がある政策立案者、カリキュラムや課外活動の改革が必要な学校、家庭の学習環境やしつけ方法を調整する必要のある親にとって有益である。社会情動的スキルを測ることは、子どもの人生における成果や社会の進歩を促進するためにこの種のスキルが重要であるという認識を高めていくことにもつながる。

OECD加盟国やそのパートナー諸国の多くの政策立案者は社会情動的スキルの重要性を認めているが、これらのスキルの発達のために学校や家庭に提供されている施策やプログラムのレベルは国ごとに異なっている

　ほとんどのOECD加盟国の教育システムは、自主性、責任感、他者と協力する能力など、生徒の社会情動的スキルを発達させる必要性を認めている。社会情動的スキルを発達させるために役立つ指導方法や教材を提供する地域限定の実験的な取り組みは存在するものの、これらのスキルを発達させるために学校や家庭に提供されている施策やプログラムの数は地域によって異なっている。さらに、教育システム全体として、社会情動的スキルを向上させるために設計された施策やプログラムが存在する国はほとんどない。地域的な取り組みに関する情報を幅広く利用できるようにするとともに、システムレベルで成果を収めている取り組みを採用し、どのアプローチがしっかりしたものであるかを見極め、実験的な取り組みの強みや限界を批判的に検証することが有益かもしれない。そうすることは、各国が社会情動的スキルを向上させるために「何が効果的か」、どのような状況が良いか、誰を対象にすべきかなどをより理解する助けになるだろう。

OECD加盟国やそのパートナー諸国の多くでは、生徒の社会情動的スキルを評価するためのガイドラインを学校に提供しており、学校はこれらのスキルの評価を成績表で報告することが多いが、教師や親がこれらのスキルを高める方法についての詳細な指導は不足している

　OECD加盟国やそのパートナー諸国において最もよく利用されている社会情動的スキルの測定・報告の方法は、成績表での報告である。多くの国ではこの種のスキルを評価するためのガイドラインが学校に提供されているので、親は子どもの社会情動的発達の程度をみることができる。しかし、生徒の社会情動的スキルを高める方法について学校や教師向けの詳しい指導が提供されている国はいまだ少ない。そのために学校や教師が独自の教育戦略を柔軟に作り上げることができるが、これらのスキルの指導についての知識や経験が少ない教師にとっては情報が不足しているのが現実だ。

本報告書の主な結果

社会情動的スキル
——わかっていること

➤社会的な成果や主観的ウェルビーイングに大きな影響を及ぼす。

➤その影響は、個人の行動やライフスタイルを直接的に形づくるものであること、そしてそれによって社会経済的成果が形づくられることによって部分的に説明できる。教育からより多くの恩恵を受けることができるようになるという面でも影響を及ぼす。

➤認知的スキルと社会情動的スキルには相互に高め合う作用がある。社会情動的スキルの高い人は、認知的スキルの向上による健康面での恩恵が大きく、認知的スキルの発達も早い。

➤人生における成果を決める最も重要な要素には、目標を達成する子どもの能力（例：忍耐力）、他者と協力して働く能力（例：社交性）、感情をコン

第6章　社会情動的スキルを育む方法

トロールする能力（例：自尊感情）を高めるスキルが含まれる。

➤幼少期から青年期に伸ばすことができる。

➤文化的、言語的境界領域内では、検証済みの尺度が存在する。回答方法や文化の違いによるバイアスを軽減する方法がある。その方法は、PISA調査での取り組みを生かし、さらに改善していく必要がある。OECDの教育と社会進歩（ESP）プロジェクトは、今後この課題に取り組んでいく予定である。

➤社会情動的スキルは、社会経済的成果に悪影響も及ぼすことがある。たとえば、ノルウェーでは、これらのスキルの一部（例：外向性）は、肯定的な成果（例：抑うつの減少）をもたらすが、一方で悪影響（例：肥満の増加）も及ぼすことが示されている。

――わかっていないこと

➤学習環境、スキル、成果の間の因果経路についてのエビデンスはわずかしかない。

➤社会経済的成果に対するこれらのスキルの長期的な影響（最低10年）について評価した研究の数は少ない。

➤文化的、言語的境界を超えて社会情動的スキルのレベルや発達を確実に測る手段が存在しない。

➤一部の社会情動的スキルが、特定の成果については肯定的な影響があるにもかかわらず、ほかの成果については悪影響を及ぼすのはなぜなのかを示すエビデンスが限られている。

認知的スキル

――わかっていること

➤教育や労働市場での成果に大きな影響を及ぼす。

➤伸ばすことが可能である。社会情動的スキルと比べ、認知的スキルが形成されやすいのは比較的早い時期とみられる。

➤PISA調査で使用されているものを含め、国際的に文化の枠を超えて検証

209

された尺度が存在する。

——わかっていないこと

➤認知的スキルの成長を評価するための、国際的に文化の枠を超えて検証された尺度は存在しない。

学習環境

——わかっていること

➤社会情動的スキルの発達にとって、家庭、学校、地域社会は重要な存在である。

➤親の関わりと愛着関係は、子どもの初期の社会情動的発達に非常に大きな影響を及ぼす。これは成功している介入において最もよくみられる重要な特徴である。

➤学校は、教師・メンターと生徒との関わり合いを強め、カリキュラムや課外活動において実生活の例を活用することなどにより、社会情動的スキルを育むことができる。

➤家庭、学校、地域社会における学習環境は相互に質を高め合うことができる。

➤個々の人生のステージに応じて異なった学習環境が重要になる。

➤現在の個々のスキルレベルによって、新しい学習の取り組みから受けることのできる恩恵の範囲が決まる。

——わかっていないこと

➤学習環境や習慣がスキルに対して与える影響について因果関係を示す研究（介入プログラムの効果性を評価するものも含む）は少ない。

➤社会情動的発達を促す地域社会としての学習環境に関するエビデンスは限られている。

➤社会情動的発達に対する学習環境や介入の長期的影響（最低10年）を評価した研究の数は少ない。

第6章　社会情動的スキルを育む方法

「何が効果的か」と「実際に何が起こっているのか」のギャップ

　子どもの社会情動的スキルを向上させる最善の方法について、知識、期待、能力の面で教育関係者の間にギャップがみられる。このようなギャップにより、スキルへの投資の遅れ、各教育段階への投資の一貫性の欠如、学習環境の質における不平等などの非効率性が生まれてくる。スキル発達のためのプログラムを効果的に実行するためには、幅広い教育関係者を関与させることが必要であり、このギャップを埋めることがきわめて重要である。

　研究コミュニティは、社会情動的スキルが重要なものであり、どのようにそれらを開発するかについての情報を形成し始めているが、この知識は、政策や実践に関わる現場で幅広く共有されていないようである。子どもの社会情動的スキルの改善方法を見極めるにあたり、教師個人の経験や親のノウハウは重要な手引きとなるが、長期にわたる大規模な研究や介入プログラムに基づいた客観的証拠も有用な見識を提供してくれる。一方、研究コミュニティはまだ研究者が考慮したことのない社会情動的スキルの種類や学習環境について、実践現場から学ぶこともできる。研究者は、測定可能なスキルや重要である可能性がすでに知られているスキルにしか光を当てることはできない。そのため、この2つのコミュニティが交流を深めることで、教育の実践と研究におけるギャップを埋めていくことができる。

　エビデンスは、学校、家庭、地域社会において学習環境の一貫性を確保することが重要であることを示しているが、政策や実践においては、これらの境界を越えて交換される情報は限られているようである。学校と親の間では定期的に情報交換が行われているが、その情報は子どもの学力に焦点を当てたもののほうが多いだろう。子どもの社会情動的スキルについての詳しい情報を交換することはあまりない。さらに、校種を越えて取り交わされる情報はごく限られたものしかない。子どもの校種間の移行（例：幼稚園から小学校、小学校から

中学校など）にしたがって、認知的スキルと社会情動的スキルについての情報がどれほど提供されているのかは明確にわかっていない。本書で強調しているとおり「スキルはスキルを生む」ため、校種間を移行するなかで、子どものスキルとその履歴の詳細が学校同士で共有されることは必要不可欠であるはずだ。

　研究結果と現状との間のギャップが狭まりをみせている分野のひとつに初期投資があげられる。現在、OECD加盟国の多くは幼児教育・保育について本格的に検討しており、教育システムの調整を始めている（OECD, 2012）。このような努力によって社会情動的スキルを含む多様なスキルを育み、そうすることにより、子どもの成果や人生において成功する可能性を最大限引き出し、社会進歩をさらに支援することが重要である。

　研究組織と実践現場とのギャップの理由のひとつが、社会情動的スキルに投資するためには大規模な追加の取り組みや資金が必要となるという、教師や学校管理者が持っている印象である。第4章と第5章で述べたとおり、いくつかの国で得られた経験から、そのような印象は誤りであることが示されている。社会情動的スキルの向上は、認知的スキルの向上を目的とした現行の取り組みと併せて行うことが可能である。子どもの社会情動的発達を促すことは、現行の指導・学習習慣に少しの変化を加えるだけで行うことができる。スキルの訓練プログラムとして最も効果的なのは、順序立てたトレーニングや積極的な学習方法、スキル育成タスクに時間と注意を向けていることと明確な学習目標を組み込むことである（SAFEの原則）。スキル発達に対する全体論的アプローチを授業に含めることは可能であり、そのようにされるべきである。

今後に向けて

　本章では最後に、子どもの社会情動的スキルの形成と発達に関する政策、実践、研究の改善を望む関係者にいくつかの提案を提示する。

第6章　社会情動的スキルを育む方法

政策立案者

➤現行の政策や実践が子どものスキル全体（社会情動的スキルを含む）を向上させるという目標を達成するかどうか、あるいはこれらのスキルを強化するために新たな政策ポートフォリオが必要かどうかを評価するために、教育システムの最も重要な目的について熟考すること。

➤より生産的で、包括的で、環境に配慮した社会を実現するために、より幅広いスキル（社会情動的スキルを含む）を習得するための十分なサポートを採用し、提供するための具体的な措置を講じること。

➤カリキュラムのなかで社会情動的な学びをサポートし、それを組み込めるように教育システム全体で奨励すること。そうすることで、社会情動的な発達の重要性を認識しながらも、数学や国語のような必須科目で生徒に高い成績を収めさせなければならないというプレッシャーに直面している教師を励ますことができる。

➤政策や実践に情報提供できる研究結果をより増やすために、幼児期から成人期にわたっての認知的スキルと社会情動的スキルの測定を検討すること。

学校管理者

➤社会情動的スキルの向上や測定に学校システムが十分投資しているか調査すること。

➤社会情動的スキルを向上させるために使われている尺度や方法が適切であるか評価すること。

➤親や幅広い地域社会の関与を奨励し、社会情動的スキルを育むための学校での取り組みを補完するようにすること。

➤カリキュラムのなかに社会情動的な学びを組み込めるように教育システム全体で奨励すること。そうすることで、社会情動的な発達の重要性を認識しながらも、数学や国語のような必須科目で生徒に高い成績を収めさせなければならないというプレッシャーに直面している教師を励ますことができる。

213

研究者

➤ 子どもの将来の見通しに大きな影響を与える社会情動的スキルと学習環境を特定すること。ここでの目標は、（効果的であることが知られている）学習環境が機能する条件を特定することだけではなく、あまり知られていない潜在的に重要な学習環境やスキルを把握することでもある。介入、学習環境、および政策における手段をより深く理解するための包括的なフレームワークを策定することが重要である。この点では、質的研究が有用であろう。

➤ 高い信頼性を持ち、かつ文化や言語の境界を超えて、幼児期から青年期早期までの子どもたちをしっかりと評価できる社会情動的スキルを特定すること。

➤ 学習環境、スキル、成果の関係を説明できる因果経路をより明確にすること。特に、スキル発達を促すうえで、さまざまな学習環境がどのように関連するのかを特定することが重要である。同様に、教育、労働市場、社会での肯定的成果を促進するうえで、認知的スキルや社会情動的スキルなどの異なるスキルがどのように相互作用するのかを特定することも重要である。

➤ 研究結果が比較的多く集められている米国以外も含め、介入研究からのエビデンスを集めること。

OECD

➤ 社会情動的スキルに関係する政策、実践、研究に関する情報を総合していくこと。これは、そのようなスキルを育むしつけや指導実践を特定するために、各国や他のOECDの活動（例：幼児教育・保育や教師に光を当てるもの）と協力することによって可能である。

➤ 研究結果の基盤を強化するために、OECD加盟国やパートナー諸国からの縦断的データについて実証研究を続けていくこと。

➤ 関係者に幅広く調査結果を広めていくこと。

➤ PISA調査による取り組みを基に、文化的、言語的境界領域を超えて堅牢な社会情動的スキルの測定方法を開発・検証する取り組みを続けること。

第6章　社会情動的スキルを育む方法

➤社会情動的スキルの原動力に関する国際的かつ縦断的データ収集を行う戦
　略を開発すること。

　最後の1点について、OECDは、現在都市部でのスキル発達に関する国際的
で縦断的な研究を準備している。これは、子どもを追跡してスキルを調査する
国際的な比較が可能な縦断データが不足していることから来ている。第3章と
第4章にある実証分析は、国境を越えて比較することができない限定的なスキ
ル測定を含んだ既存の縦断的研究に依存せざるを得なかった。OECDの新規デ
ータの収集は、数多くの社会情動的スキルの尺度、学習環境、長期的な社会
経済的成果に関するデータを集め、2つの集団——1年生（6歳）と7年生（12歳）
——の成長を追跡することを目指している。短期的には、社会情動的スキルの
分布を調査し、その発達に関連づけられる学習環境を見極めるためにマイクロ
データが使用される。中期的には、子どもが校種間を移行するなかでの社会情
動的スキル形成を評価するためにデータが用いられる。長期的には、社会情動
的スキルを向上させ、個々の人生における成果のもととなるスキル（高等教育
修了、学校から仕事へのスムーズな移行、健康的なライフスタイル、積極的な
社会参加など）を見極める助けとなる、政策としての取り組みに光を当てるた
めに用いられる。コラム6.1に提案されている研究の主な特徴をまとめている。

■コラム 6.1■　OECDによる都市部でのスキル発達に関する国際的縦断研究

- **目的**：社会情動的スキルの形成プロセスとその社会経済的成果を見極める
- **回答者**：生徒、教師、親
- **対象集団**：1年生（6歳）と7年生（12歳）の子ども
- **地理的範囲**：大都市、州、または省（全国を対象にするオプションあり）
- **サンプリング方法**：無作為に学校を選択；選択された学校内の1年生全員と
　7年生全員をサンプリング

- **期間**：最低３年間；理想的には成人期早期まで
- **スキルの測定**：社会情動的スキルに関する多様な尺度に注目する
- **状況（コンテクスト）の測定**：学校、家庭、地域社会での学習環境
- **成果の測定**：教育、労働市場、健康、いじめ、社会参加、主観的ウェルビーイングなど

結　論

　現代の社会経済的情勢において、子どもの社会情動的スキルの育成は以前にも増して緊急課題である。政策立案者は、個人が現代社会の難題に立ち向かうことができるように能力についてより広範囲で考え、さまざまな能力を考慮に入れる必要がある。つまり社会情動的スキルを認知的スキルと同様に重要であると認識するべきである。既存の研究結果によると、学校教育の構造内外にあるさまざまな環境で学習が行われることや、重要で多様なスキルを育むためには、異なった種類の学習が必要であることがわかっている。政策立案者、研究者、学校管理者、教師、親は協力し、社会情動的スキルの向上に効果的な方法について経験を共有する必要がある。子どものスキル育成にさらなる投資をするために、あらゆる努力を払うことは、より豊かで健康かつ満足のいく生活を達成することにつながる。

参考文献・資料

OECD（2012）, *Starting Strong III: A Quality Toolbox for Early Childhood Education and Care*, OECD Publishing, Paris, http://dx.doi.org/10.1787/9789264123564-en.

あとがき

　本書は、社会情動的スキルに焦点を当て、OECD加盟国とそのパートナー諸国の国際的なエビデンスに基づいてそのスキルの重要性や育成のあり方を示した報告書である。第1章（p.27）に記されているように、3つの問い「どのような社会情動的スキルが（どのように）個人の将来の経済的、社会的発展を推進するか」「どのような学習状況が（どのように）子どもの社会情動的スキルを形成するか」「社会情動的スキルを育成することの重要性を教育関係者がどの程度認識し、それらを強化するための政策、実践、評価を実行するのか」を順番に分析し簡潔に示しているところに大きな意味があるだろう。

　日本は、OECDの教育研究革新センター（CERI）の本プロジェクト参加国ではなかったため、第3章等においては、日本のデータは掲載されていない。それでも本書が我が国においても十分に有用であるのは、社会情動的スキルの概念枠組みを提示し、社会情動的スキルが生涯における個人や集団のウェルビーイングに影響を及ぼす重要な資質・能力であることを明確に示しているところにある。特に乳幼児期から青年期前期がその発達にとってきわめて重要な時期であることを多様な研究知見の蓄積に基づいて明らかにし、そのスキル形成を各国のカリキュラムや政策とつなげて提示している点にあると言えよう。つまり、社会情動的スキルの内実は何を指すのか、なぜ今大事なのか、学校や社会で形成していくにはいつどうしたらよいのかを述べ、国や自治体レベルでのカリキュラムと同時にそれは、国際レベルでのグローバルな課題でもあることを示している。

　まえがきの部分において、無藤隆先生が本書の要点はすでに簡潔にまとめてくださっている。したがって、あとがきでは、次の2点に絞り、本文内容を補足することを述べておきたい。第一には、日本の現在の教育状況と本書との関

係である。さらにいえば、原著には「学びに向かう力」という副題は付されていないが、なぜその副題がこの訳書につき、このメンバーでの本書翻訳が刊行されることになったかという翻訳に至る経緯である。また第二には、本書以降のOECDにおける社会情動的スキルに関わるプロジェクトの展開である。本原著は2015年に刊行され、訳書刊行は、2018年である。その間にOECDにおいては、社会情動的スキルに関してプロジェクトがどのように展開しているかを、Education 2030という筆者がプロジェクト会合に出席してきたプロジェクトからの補足をしておきたい。

　まず第1点目である。社会情動的スキルの重要性が唱えられる背景の文脈として、急激に変化する不確実・不確定な社会において、経済格差の増大や少子高齢化、自然災害や難民など数多くの問題に直面する中で、生涯にわたる人の幸せや心身共に健やかに暮らすための個人および集団のウェルビーイングの保障、そのための政策のあり方がグローバルな政策課題として重視されるようになってきたことがある。OECD（経済協力開発機構）においても、学業達成とそれに続く労働力人材育成のための公的投資と効果の問題だけではなく、多面的に生活の質を問う必要性が社会背景として生まれてきていると言える。また一方で、社会情動的スキルの育成に関して、幼児期から成人期までの教育の累積的効果が、数多くの長期縦断研究等で学術的に明らかにされてきたことが果たす役割も同時に大きく寄与している。

　日本では、学校教育において「知・徳・体」の各面の重要性やバランスが戦後一貫して大事にされてきた。認知的スキルのみを重視する傾向にあるアングロサクソン文化圏に比して、心身の発達として社会情動的スキルの育成が、この語自体は使用してこなかったものの、社会文化的に非常に大事にされてきた。それは第5章の各国のカリキュラムの中にも記されているように、体育保健、公民、道徳とともに社会情動的スキルを育成する活動として、特活や総合的学習でも育成が図られてきた。学級活動や生徒会、クラブや部活動などの活動も含め学校生活全体を通してこのスキルを形成してきたし、教師もまたそのために授業での指導だけではなく学級経営や生活指導、生徒指導の専門的力量

あとがき

が問われてきた。この点は今後も大事にされていくことの必要性が本書からも読み取れよう。

しかし我が国において社会情動的スキルの育成に関し縦断的に捉えられたエビデンスの蓄積は少ない。国立教育政策研究所報告書（2017）『非認知的（社会情緒的）能力の発達と科学的検討手法についての研究に関する報告書』（研究総括 遠藤利彦）も指摘しているように、発達や教育の心理学分野では自己調整能力や特定のパーソナリテイ側面の研究はされても縦断的なデータの蓄積は乏しい。本訳者らは、国際的動向を踏まえ、幼児期（3歳から5歳）から児童期への社会情動的スキルを生活習慣や文字・数・思考などの認知的思考とともに調査し家庭環境との関係を捉える縦断調査を2013年から行ってきている。本書でも取り上げられている社会情動的スキル（非認知的スキル）の一部のスキルを保護者が回答する質問紙調査で取り上げてきた。日本語でどのような命名をするかを議論した中で生まれた語が「学びに向かう力」である。その語が、その後無藤隆座長のもとで、新学習指導要領の中でも使用されることになった。何ができるようになるかとして、「生きて働く知識・技能の習得」「未知の状況にも対応できる思考力・判断力・表現力の育成」とともに「学びを人生や社会に活かそうとする学びに向かう力・人間性等の涵養」として「学びに向かう力」は挙げられている。社会情動的スキルは認知的スキルとの相補的関係の中で累積的に育つものであり、いわゆる対人関係スキルだけではなく、あきらめずにやり遂げる力や忍耐強さなどの課題遂行への意欲に関わる側面もこのスキルには含まれている。これらは、公教育の中で涵養することで、民主的市民の育成を可能にするものである。今回の学習指導要領の改訂では「何を学ぶか」と同時に「どのように学ぶか」、見方・考え方の育成が大事にされている。これは、公教育の多様な教科等の中で社会情動的スキルを学び方の工夫によって育てていくことが求められているといえよう。

第二に、2030年という近未来において子ども達に求められるコンピテンシーを検討するとともに、そうしたコンピテンシーの育成につながるカリキュラムや教授法、学習評価などについて検討しているEducation 2030の中でも社会情

動的スキルの議論は引き継がれている。「2030年に向けた学習枠組み」(OECD, 2018, *THE FUTURE OF EDUCATION AND SKILLS: Education 2030*；文部科学省『初等教育資料』『中等教育資料』2018年5月号）では、よりよい社会を創るために変化を起こすエージェンシーが重視され「新たな価値を創造する力」「対立やジレンマを克服する力」「責任ある行動をとる力」をコンピテンシーとして捉えられている。これらのコンピテンシーの下に、それぞれの社会情動的スキルもまた含まれている。そして本書にも記載されているように、各国のカリキュラム内容が分析され、カリキュラムの内容がどのようにこれからの社会に必要な資質がかかわっているのかというCurriculum Content Mappingがなされている。そしてそれらの資質を育てるための方法は国によっても多様であるが、具体的にそれらの方法を社会文化的文脈の中でみていくためのビデオスタディも始まろうとしている。幼児期から青年期に至るまで、私たちは社会情動的スキルを日本の文化の中で、その良さを生かしつつこれからの社会を見通して具体的にどのように育成していくのか、そのグローバルな対話が今始まろうとしている。

　2018年4月

秋田 喜代美

◎監訳者

無藤 隆（むとう・たかし）　MUTO Takashi
白梅学園大学名誉教授

秋田 喜代美（あきた・きよみ）　AKITA Kiyomi
学習院大学教授、東京大学名誉教授

◎訳者

荒牧 美佐子（あらまき・みさこ）　ARAMAKI Misako／第3章 訳
国立教育政策研究所 幼児教育研究センター フェロー

都村 聞人（つむら・もんど）　TSUMURA Mondo／第4章 訳
神戸学院大学現代社会学部准教授

木村 治生（きむら・はるお）　KIMURA Haruo／第5章 訳
ベネッセ教育総合研究所 主席研究員

高岡 純子（たかおか・じゅんこ）　TAKAOKA Junko／要旨・第6章 訳・企画
ベネッセ教育総合研究所 主席研究員

持田 聖子（もちだ・せいこ）　MOCHIDA Seiko／第1章 訳
ベネッセ教育総合研究所 主任研究員

真田 美恵子（さなだ・みえこ）　SANADA Mieko／序章・第2章 訳
元ベネッセ教育総合研究所 主任研究員

◎翻訳協力者

田村 徳子（たむら・さとこ）　TAMURA Satoko／付録5A
元ベネッセ教育総合研究所 研究員

金子 尚子（かねこ・なおこ）　KANEKO Naoko／付録5A
元ベネッセ教育総合研究所 研究員

◎企画・制作

ベネッセ教育総合研究所

Benesse Educational Research and Development Institute

1985年に福武教育研究所として設立以来、㈱ベネッセコーポレーションのシンクタンクとして、国内外の研究機関や研究者とともに数多くの調査・研究を行う。乳幼児から大学生・社会人、保護者、教師などを対象とした社会調査、長期縦断調査、アセスメント研究開発などに取り組む。ホームページ：https://benesse.jp/berd/

社会情動的スキル
——学びに向かう力

2018年 5 月12日　初版第1刷発行		編著者	経済協力開発機構（OECD）
2025年 1 月17日　初版第7刷発行		企画・制作	ベネッセ教育総合研究所
		監訳者	無藤 隆／秋田 喜代美
		訳　者	荒牧 美佐子／都村 聞人
			木村 治生／高岡 純子
			真田 美恵子／持田 聖子
		発行者	大江 道雅
		発行所	株式会社 明石書店
			〒101-0021
			東京都千代田区外神田6-9-5
			TEL　03-5818-1171
			FAX　03-5818-1174
			https://www.akashi.co.jp/
			振替 00100-7-24505

組版　株式会社ハマプロ
印刷・製本　モリモト印刷株式会社

（定価はカバーに表示してあります）　　　　　　　　ISBN 978-4-7503-4665-6

創造性と批判的思考
学校で教え学ぶことの意味はなにか
ガート・ビースタ著
OECD教育研究革新センター編著
西村美由起訳
◎5400円

学習環境デザイン
革新的教授法を導く教師のために
OECD教育研究革新センター編著
冨田福代監訳
篠原康正、篠原真子訳
◎3500円

21世紀型コンピテンシーの次世代評価
教育評価・測定の革新に向けて
経済協力開発機構（OECD）編著
西村美由起訳
◎5400円

こころの発達と学習の科学
デジタル時代の新たな研究アプローチ
パトリシア・K・クールほか編著、OECD教育研究
革新センター編 裳岩晶、篠原真子、篠原康正訳
◎4500円

保健体育教育の未来をつくる
経済協力開発機構（OECD）編著 日本体育科教育学会監訳
◎2600円

教育の経済価値
質の高い教育のための学校財政と教育政策
経済協力開発機構（OECD）編著
赤林英夫監訳 濱田久美子訳
◎4500円

公正と包摂をめざす教育
OECD「多様性の持つ強み」プロジェクト報告書
経済協力開発機構（OECD）編著
佐藤仁、伊藤亜希子監訳
◎5400円

社会情動的スキルの国際比較
教科の学びを超える力
〈第1回OECD社会情動的スキル調査（SSES）報告書〉
経済協力開発機構（OECD）編著
矢倉美登里、松尾恵子訳
◎3600円

よい教育研究とはなにか
流行と正統への批判的考察
ガート・ビースタ著
亘理陽一、神吉宇一、川村拓也、南浦涼介訳
◎2700円

海外の教育のしくみをのぞいてみよう
日本、ブラジル、スウェーデン、イギリス、ドイツ、フランス
園山大祐編著
◎3000円

社会関係資本
現代社会の人脈・信頼・コミュニティ
ジョン・フィールド著
佐藤智子、西塚孝平、松本奈々子訳
矢野裕俊解説
◎2400円

異文化間教育ハンドブック
ドイツにおける理論と実践
イングリット・ゴゴリンほか編著
立花有希、佐々木優香、木下江美、クラインハーベル美穂訳
◎15000円

知識・技能・教養を育むリベラルアーツ
大学入試問題から読み解く社会の姿
小宮山博仁著
◎2500円

学校の時数をどうするか
現場からのカリキュラム・オーバーロード論
大森直樹編著
永田守、水本王央、水野佐知子著
◎2400円

OECDスターティングストロング白書
乳幼児期の教育とケア（ECEC）政策形成の原点
経済協力開発機構（OECD）編著
一見真理子、星三和子訳
◎5400円

図表でみる教育
OECDインディケータ（2024年版）
経済協力開発機構（OECD）編著
◎8600円

〈価格は本体価格です〉